Casamento e Separação

Mara Regina Fernandes Caruso

Casamento e Separação

O Des-Envolvimento Emocional Necessário

70

CASAMENTO E SEPARAÇÃO
O DES-ENVOLVIMENTO EMOCIONAL NECESSÁRIO
© Almedina, 2019
AUTOR: Mara Regina Fernandes Caruso
EDITOR DE AQUISIÇÃO: Marco Pace
COORDENAÇÃO EDITORIAL: Karen Abuin
ASSISTENTE EDITORIAL: Isabela Leite
REVISÃO: Nilce Xavier
DIAGRAMAÇÃO: Almedina
DESIGN DE CAPA: Roberta Bassanetto
ISBN: 9788562938108

Dados Internacionais de Catalogação na Publicação (CIP)
(Câmara Brasileira do Livro, SP, Brasil)

Caruso, Mara Regina Fernandes
Casamento e separação : o des-envolvimento
emocional necessário / Mara Regina Fernandes
Caruso. -- São Paulo : Edições 70, 2019.

Bibliografia.
ISBN 978-85-62938-10-8

1. Casais - Aspectos psicológicos 2. Casamento
3. Relações interpessoais 4. Separação (Psicologia)
I. Título.

19-26660   CDD-158.2

Índices para catálogo sistemático:

1. Casamento : Relações interpessoais : Psicologia aplicada 158.2

Iolanda Rodrigues Biode - Bibliotecária - CRB-8/10014

Este livro segue as regras do novo Acordo Ortográfico da Língua Portuguesa (1990).

Todos os direitos reservados. Nenhuma parte deste livro, protegido por copyright, pode ser reproduzida, armazenada ou transmitida de alguma forma ou por algum meio, seja eletrônico ou mecânico, inclusive fotocópia, gravação ou qualquer sistema de armazenagem de informações, sem a permissão expressa e por escrito da editora.

Maio, 2019

EDITORA: Almedina Brasil
Rua José Maria Lisboa, 860, Conj.131 e 132, Jardim Paulista | 01423-001 São Paulo | Brasil
editora@almedina.com.br
www.almedina.com.br

"Mesmo quando tudo parece desabar, cabe a mim decidir entre rir ou chorar, ir ou ficar, desistir ou lutar; porque descobri, no caminho incerto da vida, que o mais importante é o decidir."

Autor desconhecido

Tempos idos

Aquela casa era meu porto seguro, meu refúgio...
Aquele amor era meu alento, meu aconchego...
Aquela família era minha segurança, minha referência...
Aquele trabalho era meu orgulho, minha energia...
Aquele cãozinho era meu carinho, minha alegria
Não moro mais naquela casa. Não vivo mais aquele amor. Não tenho mais aquela família.
Não trabalho mais naquele emprego. Não tenho mais aquele cãozinho...
Seriam essas mudanças, perdas, fracassos?
Algumas sim, outras não, algumas, experiências bem dolorosas...
Mas essas vivências podem trazer também, após elaboração da perda, transformações, ganhos, sucesso, crescimento, evolução enfim.
É a lei maior que governa a natureza e todos os acontecimentos.
Tudo passa!
Poderia ser de outra forma? E se tudo continuasse igual?
Seria boa a eternidade?
Penso que não.
A serenidade é fruto da consciência e aceitação da instabilidade.
Precisamos ter clareza da importância das transformações.
Benditas mudanças!

Mara Regina Fernandes Caruso

Dedico este livro à minha querida filha, Patrícia.

Agradecimentos

À psicóloga Vania Curi Yazbek, que facilitou meu amadurecimento e me ajudou a superar muitas crises.

À psicóloga Laura Susana Graziano, que me encorajou.

Aos meus pacientes pela aprendizagem propiciada.

Aos familiares e amigos que me apoiaram, especialmente aos que leram previamente o original e forneceram incentivos ou sugestões, como Francisco Zuccato, Mario Hirata, Ilvana Bulla, Ana Elizabeth Gerzeli e Nara Mirisola.

Apresentação

Comecei a escrever sobre casamento e separação em 2008, impulsionada por uma vivência pessoal de ruptura de um casamento de 20 anos de duração e também motivada por meu trabalho clínico como psicoterapeuta, no qual frequentemente me deparava com a dificuldade e o sofrimento de pacientes que patinavam em crises no casamento.

O subtítulo deste livro, "o des-envolvimento emocional necessário", deriva da clareza de que o sofrimento emocional se encontra extremamente vinculado à dificuldade de se tomar uma decisão que solucione o conflito, o que perpetua a crise com brigas, angústias e insatisfações, ou então conduz ao tédio e à estagnação, resultando em uma espécie de anestesia que torna a patologia do vínculo crônica e esconde a dor.

Isso só se resolve modificando o envolvimento disfuncional, ou seja, o des-envolvimento do casal.

O interesse por esse tema já era latente desde 1998, quando cursava, na PUC, uma especialização em Psicoterapia de Casal e Família, que me instrumentalizou a trabalhar melhor como psicoterapeuta nessa área e me revelou a importância do estudo e da compreensão da dinâmica do processo das crises conjugais.

A grande incidência no meu consultório de pacientes em crise no casamento, o sofrimento emocional recorrente que constatei nessas pessoas, bem como a complexidade envolvida nesse trabalho desencadeada pela dificuldade de elaboração dos conflitos, dos medos e das angústias inerentes a esses processos, intensificou o meu desejo de escrever a respeito do que aprendi sobre o tema.

Pretendo contribuir, assim, tanto com a elaboração emocional de pessoas que vivenciam esses processos, quanto com o trabalho clínico de profissionais que atendem pacientes em crise no casamento ou no processo de separação.

Entendo que a clareza dos sentimentos, dos medos, dos conflitos envolvidos em uma crise conjugal é o que propiciará a elaboração e a consequente resolução de tal crise, permitindo a tomada de decisões, seja pela separação ou pela manutenção do vínculo, que trarão mudanças para melhorar o relacionamento, juntos ou separados.

Pretendo, portanto, contribuir com uma saída desse aprisionamento que "não ata nem desata".

Ainda sobre o subtítulo do livro, utilizei a palavra *des-envolvimento*, destacando o prefixo *des*, porque sempre percebi o tremendo potencial dessa palavra, desenvolvimento, no sentido de que para alguém se desenvolver precisa se *des-envolver*. Aí se encontra o apertado nó que impede a resolução das crises conjugais que procuro elucidar.

E é isso que espero que este livro propicie ao prezado leitor, alguma forma de des-envolvimento.

São Paulo.

Prefácio

Eis uma produção autoral que vem a calhar em tempos de mudanças culturais a respeito de casamento, divórcio e família, tão bem nomeadas por Jeni Vaitsman em sua obra *Flexíveis e Plurais – identidade, casamento e família em circunstâncias pós-modernas* (Rocco, 1994).

A aprovação legal do divórcio (1977) e o fortalecimento crescente da mediação como instrumento adequado de resolução de conflitos não têm sido suficientes para minimizar o sofrimento tampouco para facilitar a decisão em prol de uma separação conjugal.

Aliás, se as relações afetivas e sexuais têm sido cada vez mais flexíveis e plurais, como flexibilizar as experiências em momentos críticos de modo a ampliar as possibilidades de respostas plurais a essas questões? Se instrumentos legais e genéricos não têm sido úteis o suficiente, como e o que abriria caminhos singulares para tais situações?

Conectada com esse tema há muitos anos, Mara vem coletando metáforas, crenças, significados e, até mesmo, sentimentos ligados a essas questões e vivenciados em diferentes situações pessoais e profissionais. Ao organizá-los de uma forma *sui generis*, ela compõe e cria este livro, escrevendo sem referências ou citações bibliográficas. É, portanto, um trabalho autoral!

Do título ao conteúdo, este livro é um convite para repensar conceitos e abrir possibilidades para novas metáforas e diferentes perspectivas que facilitem a transformação cultural desses temas centrais de nossa convivência familiar. Ao mesmo tempo, oferece condições pessoais de (auto)ajuda, uma vez que a organização em etapas e a descrição em tom coloquial das experiências vividas podem naturalizar as sensações de turbulência daqueles que atravessam situações conjugais críticas. Ao leitor é dada a oportunidade de assumir uma postura criativa e libertadora na escolha de conteúdos e caminhos mais próximos ao seu próprio estilo. E aplicá-los, melhorá-los e expandi-los poderá resultar em um trabalho autoral do leitor em sua própria vida!

Minha apreciação deste livro vai muito além da dimensão racional capaz de ampliar informações e ideias. A pergunta que me faço nesse momento é: o que mais deveria ser considerado nesse processo transformacional para que não se reduza a um mero aconselhamento?

Movida pela curiosidade, explorando e criando conexões, chego ao conceito de saber de experiência, proposto por Jorge Larrosa Bondía em seu trabalho "Notas sobre a experiência e o saber de experiência" (*Revista Brasileira de Educação*, nº 19, 2002). Questionando a ênfase contemporânea dada ao estar informado como sinônimo de saber, ele focaliza o significado performático da linguagem e, consequentemente, o poder e a força das palavras, confirmando que agimos sobre as palavras e que as palavras agem sobre nós. E as palavras determinam nosso pensamento e dão sentido ao que somos e ao que nos acontece. Desde o estabelecimento desse enfoque pragmático da linguagem, Larrosa distingue "informação" de "experiência", definindo experiência como aquilo que nos passa, que nos acontece, que nos move, que nos forma e nos transforma, enquanto informação é o que se passa e o que acontece fora de nós. Todos os dias se passam muitas coisas, ao mesmo tempo, porém, quase nada nos acontece. O sujeito da informação sabe de muitas coisas, passa seu tempo buscando informação, preocupando-se com o estar melhor informado, enquanto o sujeito da experiência está focado e aberto à sua própria transformação.

Dessa maneira, o saber pela experiência é algo diferente de saber as coisas, de saber porque se tem informação sobre as coisas, porque se está informado. Saber de experiência é um saber distinto do saber científico (métodos para um saber) e do saber técnico ou adquirido por muito tempo de prática (saber fazendo). O saber de experiência se dá na relação entre o conhecimento e a vida humana.

Saber de experiência é o meio do saber que forma e transforma a vida dos homens. É o modo como atribuímos, ou não, sentido à experiência. Se um experimento é genérico, a experiência é singular; produz diferença, heterogeneidade e pluralidade. E é acessado pela reflexão, pelas perguntas que nos fazemos sobre o que nos acontece e nos toca. Saber de experiência é uma oportunidade para criar, inovar, explorar e enriquecer um novo universo de possibilidades consigo e com o outro.

Retornando ao nosso tema, entendo que Mara entrelaça de maneira muito competente os saberes de informação e os saberes de experiência. Ao compartilhar situações coletadas em seu próprio viver, ela expressa e registra seu saber de experiência, ou seja, o modo como foi tocada e transformada nessas vivências.

Entendo que esta obra seja fruto de um diálogo reflexivo entre a autora e diferentes interlocutores que, ao invés de constituírem um caminho para chegar a algo previsto (aconselhamento), compõem uma abertura para o desconhecido, para o que não se pode antecipar, nem prever, nem predizer. E, arrisco dizer, convida o leitor a entrar nessa dimensão de incerteza, a deixar-se surpreender pelo desconhecido conforme for sendo tocado na leitura para extrair seu próprio saber de experiência, identificando o que pode lhe ser útil para uma condução autoral de sua própria vida.

Saber de experiência é, pois, a possibilidade dialógica e reflexiva entre saberes e conhecimentos plurais e diferentes entre si. É a possibilidade de ocorrer um maravilhamento em diálogo. É a descoberta da singularidade, característica de qualquer produto autoral!

Vania Curi Yazbek
Terapeuta, mediadora e facilitadora de práticas restaurativas

Sumário

Agradecimentos.. 11

Apresentação.. 13

Prefácio... 15

Sumário... 19

1. Introdução 23

2. Casamento e Crise.. 29
   1.1 Por que Escolhemos esse(a) Companheiro(a)? 30
   1.2. Significado do Casamento 37
   1.3 A Crise Obrigando a Questionar o Casamento..................... 40

3. Resistências que Impedem a Evolução..................................... 45
   3.1 Resistência à Mudança Impedindo a Recuperação
     do Casamento 48

3.2 Resistência à Separação 51

3.3 A Dificuldade de Abrir Mão de um Projeto
de Vida a Dois ou Familiar 53

3.4 A Dependência Sexual e de Intimidade 54

3.5 A Questão Financeira 55

3.6 O Hábito de Cuidar do Outro 56

3.7 A "Nobre" Função de Salvar o Casamento 57

3.8 A Recusa em Aceitar a Rejeição 58

3.9 O Medo da Solidão e da Sensação de Desamparo 60

3.10 O Medo das Perdas Decorrentes da Separação 62

3.11 Resistência à Separação é FRUTO do Amor? 64

3.12 Algumas Crenças que Dificultam a Aceitação da Separação
(Antes e Após a Separação) 70

    3.12.1 Ser Especial e Único para Alguém 71

    3.12.2. A Autopiedade (Projetada) 73

    3.12.3. O Preconceito Diante da Separação 75

    3.12.4 A Fotografia da Felicidade 76

    3.12.5. A Perda de Status 79

    3.12.6. Decisão que Não se Concretiza 81

4. Quando o Processo se Dirige para a Manutenção do Casamento .. 83

4.1 Manutenção do Vínculo Disfuncional 84

4.2. Superação de Crise Passageira 84

4.3. Elaboração e Recuperação do Vínculo Disfuncional 86

5. Concretização da Separação e a Participação do Advogado 87

6. Separação Emocional 91

6.1. O Que é a Separação Emocional? 93

6.2. Como Administrar e Suportar as Reações e Sentimentos
do Ex-cônjuge 95

6.3. Quando os Filhos são Usados nessa Batalha 98

SUMÁRIO | 21

7. Fases, Dificuldades e Elaborações Pós-Separação 101

7.1 Sentimentos Recorrentes... 104

7.1.1.Pessimismo e Raiva 104

7.1.2. Fracasso 105

7.1.3. Temor da Solidão... 106

7.1.4. Vergonha 107

7.1.5. Saudade Até do Que Já Não Existia............................. 108

7.1.6. Abstinência Insuportável.. 109

7.1.7. Culpa 110

7.2 Primeira Fase – No Olho do Furacão 111

7.2.1. Como Facilitar a Elaboração da Separação................... 121

7.3. Segunda Fase – Recuperação após a Separação 127

7.3.1. Resolvendo a Dependência... 129

7.3.2. Crescimento da Autoestima (Dignidade,

Responsabilidade, Outro Parceiro)............................... 138

7.3. 3. Ressignificação da Solidão 143

7.3.4. Reinterpretação da Separação...................................... 148

8. Considerações Finais... 155

Referências.. 159

Sobre a Autora 161

1. Introdução

Quando um casamento entra em crise e chega (ou não) à separação, o sofrimento vivenciado pelos parceiros costuma ser enorme e por vezes bastante longo, dependendo do tempo que se leva para chegar à finalização da crise.

Nos casos em que ocorre a separação, o drama relacional pode se estender desde o início das dificuldades de relacionamento que estão comprometendo o vínculo, passando pela efetivação da separação e prosseguindo até a elaboração emocional posterior ao rompimento (a separação emocional).

Naqueles em que a crise evolui propiciando a recuperação do casamento, os considerados "finais felizes" (consideração cultural equivocada na medida em que a separação também pode ser um final feliz em muitos casos), o sofrimento pode persistir até que a funcionalidade do vínculo seja recuperada.

Quando acontece a manutenção do casamento sem uma evolução positiva da crise, as dificuldades vão se tornando crônicas e são suportadas com uma boa dose de anestesia emocional, ou o casal se equilibra em uma impressionante patinação no meio de um drama repetitivo e desgastante (alguns, raros felizmente, terminam em tragédia). Nesses casos, anestesiado ou não, o sofrimento tende a se perpetuar. É quando efetivamente chegamos a uma situação que não ata, nem desata.

Uma das principais dificuldades em uma crise conjugal é a oscilação entre o desejo de se separar (repleto de temor das perdas decorrentes, mas com esperança de alívio do sofrimento) e o desejo de salvar o casamento para evitar a dor e a perda. Ocorre uma dolorosa alternância entre a decisão de se separar e os momentos de trégua, quando se acredita na recuperação do relacionamento, acompanhado do consequente alívio e desejo de manter o vínculo. Esses conflitos, essa dificuldade de fazer a escolha entre sair ou ficar no casamento, são elementos paralisantes e detonadores da autoestima e da dignidade, fragilizando o indivíduo e com frequência culminando em depressão e/ou crise de ansiedade.

Quando a separação se concretiza, infelizmente é comum o sofrimento continuar, por um longo tempo em alguns casos, porque a separação emocional é um processo moroso. Estamos falando da perda de um projeto de vida, construído a dois, carregado de esperanças, afeto e investimento. Trata-se do fim de uma história pessoal e da elaboração de um processo de luto semelhante ao da morte de um ente querido.

A partir da percepção do peso dessas experiências de crise e de ruptura do casamento, tão frequentes no mundo contemporâneo e recorrentes na minha prática clínica, nasceu em mim o desejo de escrever este livro e, quem sabe, contribuir tanto com os que passam por crises assim, quanto com profissionais da área da saúde que se deparam com essas questões em seu trabalho (demonstrando a necessidade de buscar ajuda aos primeiros e a importância de orientar os pacientes sobre a necessidade de auxílio terapêutico aos últimos).

Creio também que o material aqui apresentado pode auxiliar os que estão imersos na crise do casamento ou da separação, facilitando sua resolução por meio do entendimento do processo que vivenciam, principalmente por identificação.

Refiro-me ao potencial da leitura informativa, que, na melhor das hipóteses, pode levar à elaboração das próprias dificuldades através do mecanismo mental que chamamos de identificação, que possibilita assimilar informações do dinamismo da experiência alheia e trazê-las para a compreensão de sua própria vivência. Na pior das hipóteses, espero que provoque uma reflexão que forneça motivação suficiente para o início do enfrentamento da própria crise.

E, em relação aos profissionais que atendem em psicoterapia casais com vínculos disfuncionais, espero que esta leitura possa contribuir com sua atuação profissional, fornecendo uma compreensão mais ampla desse complexo processo como um todo. Como pretendo abranger tanto o leitor profissional da área da saúde quanto o leitor leigo, procurei evitar uma linguagem mais técnica para que a leitura fosse compreensível e agradável. Não estou muito certa de ter obtido êxito nesse objetivo, dado meu vício de escrever como psicóloga e porque não sei se é possível escrever sobre esse drama relacional de um modo que a leitura possa ser definida como "agradável".

Existem, obviamente, diferenças marcantes entre as experiências de separação dos diversos casais; cada uma delas é única em virtude dos elementos subjetivos de cada relação e pelas diferenças de personalidade dos indivíduos envolvidos.

Mas, mesmo considerando as diferenças subjetivas, pude observar através da experiência clínica (atendendo em psicoterapia, de casal ou individual, pessoas que vivenciavam esse processo) que há muitas semelhanças na crise propriamente dita, anterior à separação; bem como no que se refere ao significado e à importância cultural do casamento, às resistências em aceitar a ruptura, mesmo quando já se concluiu que é o melhor caminho, às travas emocionais, carências e sensação de desamparo desencadeados pela crise e separação.

Também são comuns quadros de ansiedade, manifestação de sentimentos depressivos, queda da autoestima, dificuldade para refazer um projeto de vida e o peso da "avaliação externa" principalmente de familiares e amigos (me restrinjo aqui à nossa cultura e ao contemporâneo).

Dessa forma, durante todo o livro foi considerada a subjetividade intrinsecamente envolvida na matéria tratada, prezando sempre o particular de cada caso, em geral usado como ilustração.

Na medida em que uma das nossas formas de compreensão e elaboração emocional se processa por identificação (como mencionei acima), usar material individual buscando semelhanças e pontos comuns é um procedimento utilizado e bastante útil no trabalho na área da psicologia.

Não procurei, em nenhum momento, aliviar o peso emocional decorrente deste tema, ou seja, busquei expressar a intensa dificuldade dessa experiência sem amenizar com mensagens consoladoras o sofrimento inerente e inevitável. Penso que essa clareza é a melhor possibilidade de auxílio para as pessoas que necessitam ser compreendidas quando imersas na luta com esse drama relacional.

Em função de uma preocupação ética, o material e os depoimentos oriundos do meu trabalho em consultório foram modificados para preservar a identidade dos pacientes. Assim, as falas de diferentes pessoas foram mescladas, com o cuidado de integrar pensamentos semelhantes ou complementares, com a inclusão de interpretações de conteúdos das sessões. Portanto, as falas citadas são construções baseadas em depoimentos. Isso foi possível porque não se trata de um trabalho de pesquisa e não compromete o objetivo principal, que é a compreensão do processo de crise no casamento e na separação, por meio da análise de diferentes vivências e da dinâmica psicológica envolvida.

Considero importante salientar que este livro não se baseia em pesquisa bibliográfica. Ele deriva de reflexões e elaborações com base principalmente na minha atuação clínica, ilustrando com fragmentos de casos dos meus atendimentos em psicoterapia de casal ou individual.

Preciso, no entanto, deixar claro que tenho consciência de que meu trabalho, tanto na prática clínica quanto na escrita, tem por base todos os meus mestres, livros que estudei, grupos de estudo dos quais participei, supervisões, meu próprio processo de análise e a minha experiência profissional, institucional e de consultório, ressaltando a importantíssima aprendizagem com meus pacientes ao longo de toda minha vida profissional.

Ouvi alguma vez que "deveríamos pagar aos nossos pacientes pelo que aprendemos com eles", o que fez muito sentido para mim. Nunca paguei, só recebi meus honorários, mas sou imensamente grata a cada um deles.

Concluindo, foi a partir da percepção da enorme dificuldade em vivenciar e superar o turbilhão de medos e emoções envolvido nesses processos, bem como das semelhanças que encontrei entre as diversas crises de casamento e separação nos meus atendimentos clínicos, que resolvi divulgar esse conhecimento, com o intuito de instrumentalizar profissionais que trabalhem com esta demanda e auxiliar pessoas que enfrentam essas dificuldades a elaborar o problema através da compreensão do próprio processo.

Espero, portanto, que você, prezado leitor, se beneficie de alguma forma do conteúdo deste livro.

2. Casamento e Crise

Todos sabemos que as crises têm um importante lado positivo no que se refere à possibilidade que trazem de transformação e crescimento. Por outro lado, também é conhecido seu potencial destrutivo quando não se direcionam para resoluções satisfatórias em tempo hábil. Isso também se aplica às crises relacionais, das quais tratamos aqui.

É necessário, então, fazer um questionamento sobre o prognóstico da crise. Trata-se de uma crise que caminha no sentido de promover mudanças positivas? Há quanto tempo ela vem ocorrendo? Durante esse período aconteceram progressos ou o drama vem se perpetuando de forma repetitiva, sem soluções?

Pretendo manter esse questionamento implícito em todos os tópicos aqui abordados, com o foco na questão da importância do prognóstico da crise para o seu des-envolvimento, o que inclui a decisão de ficar no ou sair do casamento.

Para entendermos como acontece a crise no casamento, precisamos abordar alguns aspectos da construção desse vínculo desde o seu início, ou seja, desde o porquê da escolha desse parceiro, continuando com o significado emocional de se casar e a posterior desestabilização matrimonial inerente à crise, que obriga a questionar a continuidade do relacionamento. Essa análise precisa incluir toda a carga cultural e afetivo-emocional envolvida nesse complexo processo.

2.1 Por que Escolhemos esse(a) Companheiro(a)?

> "Mas o homem, porque não tem senão uma vida, não tem nenhuma possibilidade de verificar a hipótese através de experimentos, de maneira que não saberá nunca se errou ou acertou ao obedecer a um sentimento."
>
> Milan Kundera, *A insustentável leveza do ser*.

Esse pedacinho do maravilhoso texto de Milan Kundera fala de escolhas na vida, e de como elas não são passíveis de experimentação. Vivemos as nossas opções e só durante a vivência é que concluímos se foram boas ou más opções. Ou se eram boas e deixaram de ser.

Assim, a vida é constituída de escolhas e em geral temos liberdade para decidir entre mais de uma opção. Claro que essa liberdade é relativa, na medida em que é a mente que orienta a escolha e, aí, é influenciada por nossa personalidade que também foi construída a partir de nossas vivências desde pequeninos com nossa família de origem e inseridos em uma cultura que massifica. Dessa forma, nossas escolhas serão sempre fortemente influenciadas, quando não determinadas, por nossa personalidade e por valores, crenças, medos e traumas que adquirimos ao longo da vida. E boa parte dessa construção mental reside no inconsciente, o que relativiza ainda mais nossa liberdade de escolha.

Quando decidimos nos casar, estamos exercendo essa liberdade relativa. Muitas vezes, o que mais pesou na decisão foi uma sensação de insegurança, que acreditamos que seria neutralizada com essa união; ou uma carência afetiva que, na nossa previsão, seria suprida com esse vínculo afetivo.

De qualquer forma, mesmo estando muito apaixonados e convictos do acerto e da clareza dessa escolha, queremos sempre suprir algo relacionado a nossas vivências, seguranças e inseguranças do passado, portanto sem tanta consciência e clareza assim.

Estou descrevendo aqui as expectativas que fazem parte do contrato de casamento e que não estão registradas em nenhum papel e, na maioria dos casos, nem são expressas verbalmente, pelo menos não com clareza, embora, em momentos de briga, no namoro ou pós-casamento, algumas falas ou acusações aleguem que este contrato não está sendo cumprido. Costumo chamá-lo de "contrato emocional".

Então, entra em nosso contrato emocional de casamento a ilusão de que resolveremos nossas principais carências e inseguranças, de que teremos um porto seguro, um abrigo confiável. Às vezes, chegamos a idealizar este vínculo como o mais confiável de nossas vidas, aquele onde nos sentimos o ser mais importante e especial para o outro, o que é fundamental para a nossa autoestima.

Portanto, o contrato emocional costuma ter um peso muito mais forte do que o contrato formal, por escrito, especialmente no que se refere à frustração, dor, decepção, ou seja, ao potencial detonador que esse contrato subjetivo possui quando se vivencia o seu não cumprimento.

E a escolha de um parceiro é efetuada considerando-se que o eleito tem condições de dar conta, pelo menos, das principais expectativas contidas no contrato emocional.

Mais que isso até. Em geral, acreditamos que o parceiro está se comprometendo com esse contrato, que está se propondo a corresponder às nossas expectativas, mesmo que essa concordância não seja explícita. É como se, por acreditar no potencial que o par amoroso tem de suprir nossa carência, entendêssemos que, por amor e lealdade, nosso par corresponderia sempre ao que fosse necessário, honrando o contrato emocional (cujas cláusulas estão definidas na nossa cabeça, mas não necessariamente na do outro).

Considero esse contrato latente (se é que posso chamá-lo assim) muito impressionante, pelo fato de atribuirmos ao outro o dever de corresponder às nossas expectativas, mesmo que elas não tenham sido verbalizadas ou explicitadas no comprometimento inicial.

Em vários atendimentos em psicoterapia de casal, deparei-me com a surpresa de uma das partes ao ouvir a cobrança indignada da outra, relativa ao não cumprimento de algo no relacionamento. E o que cobra ficando ainda mais indignado com a reação de surpresa do outro, como se tivesse certeza de que o parceiro sabia dessa expectativa anterior (ainda que sempre surpreendente, não é incomum nos depararmos com "leitura de mente" entre os casais em psicoterapia, embora muitas vezes essa leitura de mente se revele equivocada).

A escolha dessa pessoa com quem pretendemos partilhar a vida é baseada em critérios conscientes e inconscientes extremamente subjetivos, mas que têm em comum o desejo já mencionado de resolver as nossas inseguranças e preencher nossas carências e a sensação de desamparo presentes desde o nascimento.

Abordando de uma forma muito simplificada, a escolha pode se dar por diferenças ou por semelhanças de personalidade.

Assim, em uma escolha pautada por diferenças, aquilo que é subdesenvolvido em nós mesmos é justamente o que nos atrai e nos encanta no outro, assim alguém tímido pode se encantar por alguém extrovertido e sentir que ele o completa de alguma forma. Um indivíduo dominador, agressivo, pode encontrar calma e segurança em alguém percebido como calmo ou submisso, mais passivo. Exemplificando, em uma escolha por diferenças, geralmente verificamos falas como: "Nossa... ela tem uma facilidade para se comunicar, uma desenvoltura tão bacana... sabe transitar por qualquer ambiente, não tem medo de nada... nem sei como consegue isso..." (verbalização de um paciente em início de namoro).

Já em uma escolha guiada por semelhanças, as afinidades e a identificação com o outro são, a princípio, muito confortáveis e geram segurança. São comuns falas como esta de uma paciente iniciando um relacionamento: "Nós somos tão parecidos, gostamos das mesmas coisas, pensamos do mesmo jeito... fica tão fácil... parecemos almas gêmeas, isso é ótimo".

Claro que estou me referindo aqui às escolhas do par em uma situação em que as partes se conhecem, se atraem e se apaixonam, o que é mais frequente em nossa cultura ocidental, mas vale destacar que mesmo nos casamentos por conveniência ou sob circunstâncias especiais (que também ocorrem na nossa cultura embora com menos recorrência atualmente), a escolha é igualmente norteada por expectativas (como solução de problemas, integração social, sensação de pertencimento, entre outras), de modo que ambos os cenários podem ser considerados do mesmo naipe, no sentido de acreditarmos que com o vínculo matrimonial resolveremos necessidades importantes da nossa vida.

Assim, o que frequentemente acontece com o decorrer do tempo é que as insatisfações começam a quebrar a idealização do outro.

Na escolha por diferenças, o encantamento e a sensação de complementaridade que geraram a escolha vão desaparecendo e sendo substituídos pelo desejo de mudar o outro. Logo, aquela diferença que no início era tão atraente no parceiro(a), começa a ser vista como um defeito que incomoda e precisa ser mudado. Aquele indivíduo que a princípio se encantou com a desenvoltura da namorada, começa a se incomodar com a expansividade dela, expressando esse incômodo em falas como: "Que chato, ela se acha, não dá espaço pra ninguém... quer brilhar sozinha, nem me deixa falar". E aquela outra pessoa que estava feliz por ter encontrado sua alma gêmea, começa a mostrar insatisfação após algum tempo de relacionamento, dizendo: "Ele não faz nada novo... tá tedioso, sem graça... vejo o namoro da minha amiga tão interessante, desafiador... já com ele, é sempre previsível".

É como na bela canção de Eduardo Gudin, "Mordaça", que diz: "tudo que mais nos uniu separou. Tudo que tudo exigiu renegou. Da mesma forma que quis recusou..."

Começa, então, a se instaurar a crise. Queremos transformar o outro num igual ou o igual num diferente. A diferença que brilhava na escolha inicial ou em outros casos, a semelhança que era percebida a princípio como tão confortável e segura, passam a ser vistas como ruins ou até mesmo insuportáveis. O vínculo está então comprometido (abordarei esse processo mais detidamente adiante).

Tudo o que mais nos uniu separou
Tudo que tudo exigiu renegou
Da mesma forma que quis recusou
O que torna essa luta impossível e passiva
O mesmo alento que nos conduziu debandou

Tudo que tudo assumiu desandou
Tudo que se construiu desabou
O que faz invencível a ação negativa
É provável que o tempo faça a ilusão recuar
Pois tudo é instável e irregular...
Paulo Cesar Pinheiro & Eduardo Gudin, Mordaça.[1]

Tanto na escolha por afinidade quanto na escolha por diferenças, o que determina o início da crise é a não construção do amor quando os indivíduos não estão mais apaixonados. Isso porque no período em que predomina a paixão o parceiro é idealizado e o encantamento se mantém.

---

[1] Gudin, Eduardo; Pinheiro, Paulo Cesar. Cautela/Mordaça. In: O importante é que a nossa emoção sobreviva n. 2. EMI/Odeon. 1976

Quando a paixão expira (porque ela tem prazo de validade) os limites e os defeitos do outro se tornam visíveis e então ou o amor assume a dianteira do relacionamento (no amor os defeitos são aceitos) ou então a crise se inicia, como veremos adiante. Aqui, o importante é entender que o relacionamento com escolha inicial por semelhanças (como exemplifiquei acima) pode passar a ser visto como tedioso, desinteressante, chato, ao passo que o por diferenças pode começar a incomodar profundamente, com o outro perdendo o poder de atração pela desidealização.

A desqualificação do parceiro então ganha força e vai dominando o cenário conjugal.

Quero ressaltar que essa divisão entre escolha por diferenças ou por semelhanças é simplificadora e meramente didática,. Na realidade, as duas se misturam, predominando uma das formas. Isso, inclusive, está relacionado com a extrema complexidade do contrato emocional, influenciando o processo de escolha e também impactando a força da decepção quando "descobrimos" que o outro não nos supre como havíamos fantasiado em nossa escolha.

O leitor deve estar se deparando com o que parece ser uma contradição na escolha do parceiro, e de certa forma é. Pois, com o contrato subjetivo emocional, que já descrevi, as características de personalidade e os hábitos do outro nos levam a crer que esse cônjuge terá como cumprir o contrato. No entanto, aquilo que brilhava no início do relacionamento pode se revelar como algo difícil de lidar na convivência e, portanto, insatisfatório, mesmo fazendo parte do contratado desde o início. Assim, aquilo que despertou nosso desejo já não nos satisfaz e os sentimentos de frustração por ter se equivocado com a escolha e a tendência a culpabilizar o outro pela decepção começam a fazer parte do cenário. Toda essa complexidade do processo pode ser enlouquecedora e destrutiva para o casal.

E, mesmo num processo terapêutico, pode ser difícil montar esse quebra-cabeça (que inclui expectativas iniciais, mudanças dessas mesmas expectativas, medos, culpas, comunicação deficiente, desidealização) para obter clareza e trabalhar a elaboração do casal. Quero, com isso, dizer que pode ser desafiador, e enlouquecedor, também para o terapeuta.

Essa elaboração desejável tem como destino o recontrato emocional do casamento, mas agora modificado, estabelecido com base na realidade pelo conhecimento aprofundado do outro, de como ele de fato é (e não como era visto de forma míope pela lente da idealização). Sim, porque no início, quando o parceiro é idealizado, trata-se de uma construção subjetiva de como nós vemos o outro e não de como ele realmente é.

Estamos também falando de um trabalho que possibilite a construção do amor e a recuperação do respeito, o que nem sempre é possível, porque não se trata de um elemento puramente racional nem tão consciente. E depende de quanto o vínculo está roto, destruído.

Muitas vezes, essa elaboração não caminha na direção de um recontrato com base na realidade possível. Nesses casos, a escolha inicial do parceiro é entendida como equivocada, de onde se conclui que o relacionamento não tem chance de melhora e o rumo mais viável seria o da ruptura do contrato, seguindo, portanto, na direção de um processo de separação.

Gostaria de acrescentar que, independentemente do rumo que a relação venha a seguir, na escolha e no contrato emocional iniciais, já está presente o desejo da construção do "Nós", que pode ser formulado de maneiras distintas.

Ele pode ser almejado de uma forma fusionada, como irmãos siameses, gerando um cenário que beira o patológico no qual o individual não tem espaço; ou pode se constituir como um projeto de relacionamento com fronteiras rígidas entre o "eu" e o "você", prevalecendo o individualismo e o temor da invasão do outro, sendo uma forma também disfuncional. Essas duas formas remetem, então, à simbiose ou ao individualismo egocêntrico.

Uma terceira possibilidade e, certamente a mais saudável, é o desejo da construção do "Nós" de forma permeável, flexível, onde o individual e o "eu e você" ganham espaço também. Aqui, o relacionamento se caracteriza pela troca, não pela fusão nem pelo individualismo egocêntrico.

Adiante, tratarei mais detidamente desse processo de questionamentos e insatisfações com a escolha do(a) parceiro(a) e da consequente dinâmica estabelecida no relacionamento.

2.2. Significado do Casamento

A instituição casamento tem, na nossa cultura, um *status* de conquista, de segurança e de etapa de ciclo de vida a ser alcançada, por meio da qual se obtém reconhecimento social. Também abrange afirmação, responsabilidade e seriedade, no sentido de que, socialmente, , o indivíduo parece mais digno de credibilidade, de confiança, por assumir o compromisso do casório (sendo esse comprometimento entendido como deixar *la dolce vita* para trás ao abrir mão da solteirice, especialmente para os homens). Além disso, somos ensinados a acreditar que, casando, teremos um porto seguro, sossego, tranquilidade, que teremos para sempre alguém que cuidará de nós e nos protegerá (o que vale tanto para os homens como para as mulheres).

É por causa desse costume tão arraigado que a maioria das mães dos rapazes deseja que os filhos se casem, para que eles tenham uma mulher que, de certa forma, a substitua nos cuidados. Claro que precisamos excetuar aqui as mães possessivas, que não suportam a "concorrência" das noras. Mas até mesmo essas mães creem que o homem precisa de uma mulher que cuide dele, só que nenhuma é tão boa quanto ela para cuidar do filhinho querido. O comportamento predominante, no entanto, costuma ser o das mães incentivando ou mesmo cobrando o enlace matrimonial de seus filhos, para transferirem os cuidados para as esposas e assim se desobrigarem, entendendo que sua missão de mãe foi cumprida e agora o filho tem sua própria vida.

O caso das filhas é parecido, mas aqui a tendência é crer que a mulher necessita da figura masculina para provê-la e protegê-la, que a mulher solteira corre riscos (morais inclusive), que será desrespeitada e infeliz. Daí vem o estigma da mulher solteirona, que ficou para titia, tão conhecido e ainda presente no contemporâneo, embora menos forte que no passado. Essa fala de "solteirona" e "ficar para titia" originou-se de vivências antigas concretas no mundo feminino, pois as mulheres que não se casavam normalmente assumiam a função de cuidar dos sobrinhos, visto que antigamente poucas mulheres trabalhavam e moravam sós, com capacidade para se prover, ter uma vida independente e valorização social. E sabemos o quanto o reconhecimento e a aprovação social são importantes para a maioria dos seres humanos. Assim, esse rótulo tinha, e tem, caráter desqualificativo (ainda que anteriormente fosse pior).

Na constituição do que o enlace matrimonial representa, encontramos também a segurança de ter um(a) parceiro(a) para todas as ocasiões, resolvendo o problema da solidão e da rejeição, ou seja, a garantia de ter sempre com quem partilhar as viagens, as festas familiares, os finais de semana, as noites em casa, enfim, a certeza de não estar mais só, à deriva. Claro que, na prática, isso nem sempre se mostra verdadeiro, mas se mantém mesmo assim a ideia de resolução da solidão.

Além de tudo isso, é extremamente forte a expectativa social de que o casal tenha filhos, caracterizando então a formação do núcleo familiar, ou seja, não basta o casamento para adquirir plena respeitabilidade e aceitação externa, é preciso que venha a prole (o número de casais que decidem não ter filhos tem aumentado, sim, mas não significa que não ocorra pressão externa para que resolvam assumir ter filhos).

Existe, portanto, na nossa cultura, uma idealização do casamento e da constituição familiar como grupo de pertencimento e como estrutura organizada, com o potencial de suprir nossas necessidades fundamentais. Claro que também existe uma função de organização econômica e social (essa formação das células familiares) para composição do todo organizado e funcional da nossa sociedade.

Essa expectativa e idealização de família adequada, integrada e feliz é ilustrada, por exemplo, na propaganda já muito exibida na TV brasileira da família do comercial de margarina.

Assim, percebemos que, tanto o significado de aprovação social quanto o de segurança afetivo-emocional e de estruturação de vida, tão incrustados culturalmente, são internalizados pelo indivíduo já na adolescência. Esses valores passam a constituir uma necessidade emocional subjetiva, ou seja, a pessoa sente que precisa desse ancoradouro para ser feliz. A partir daí, já não se trata mais só de um valor ou de uma pressão cultural, mas também de desejos internalizados.

Para complicar e aumentar o peso e a importância desse vínculo, ele é entendido como um cargo vitalício. Casamento é para sempre, "até que a morte nos separe". Assim, o contrato de casamento garantiria uma segurança afetivo-emocional e social, e muitas vezes inclusive financeira, para todo o sempre.

É claro que não podemos desconsiderar que vem ocorrendo mudanças na nossa cultura em relação a esses aspectos do casamento como vínculo indissolúvel, ou como única opção de segurança e garantia, e até de qualidade de vida e felicidade, privilégios que seriam exclusivos dos casados. No entanto, mesmo com essas mudanças no mundo contemporâneo, ainda é extremamente presente e forte a visão mais conservadora que elege os casados e discrimina os solteiros ou descasados. E essa herança de crenças e valores internalizada descrita acima, também se encontra muito viva. Esse ranço da visão do passado, ainda pesa bastante no presente.

Na medida em que a constituição familiar representa toda essa adequação que se traduz em aprovação social e integração ao sistema, fazendo parte de um todo conhecido e reconhecido, é claro que a ideia do rompimento, da desestabilização dessa construção, gera pavor do desconhecido, da discriminação e do não pertencimento. Vejam então o peso do significado emocional do casamento.

O principal agravante no que se refere à percepção do não cumprimento do tal contrato emocional é que, quando a separação entra em pauta, sugerida por um dos parceiros, é comum surgirem sensações de traição, de transgressão, de injustiça, mas também de indignação perante a quebra de um contrato vitalício. Afinal, era "até que a morte nos separe", lembram? As juras de "vou te amar e cuidar de você para sempre" não poderiam, ser rompidas.

Aquele que propõe a separação, portanto, frequentemente é consumido pela culpa e o que recebe o pedido de separação é tomado pela raiva. Esse dilema pode ser devastador.

2.3 A Crise Obrigando a Questionar o Casamento

> "Talvez desilusão seja não pertencer a um sistema. No entanto, eu diria: ele deveria estar feliz porque finalmente foi desiludido. O que eu era, não me era bom. Mas era desse não-bom que eu havia organizado o melhor: a esperança".
>
> Clarice Lispector

Com a explanação anterior, já vai ficando evidente o quanto é difícil questionar a durabilidade desse vínculo. Sim, porque este questionamento atiça justamente o medo de perder esse porto seguro, de encarar e expor a carência afetiva e de abalar seriamente a autoestima escorada até então nessa construção chamada casamento. É como se a nossa casa desmoronasse, ou melhor, o nosso castelo, elaborado com tanto empenho, esperança e dificuldade.

Entretanto, apesar da enorme importância dada ao casamento, a crise instalada e recorrente desestabiliza, gera muita insatisfação e sofrimento, culminando em um inevitável questionamento do enlace matrimonial.

Já introduzi anteriormente algumas noções a respeito do desencadeamento da crise no relacionamento amoroso. Pretendo, a partir daqui, aprofundar a compreensão dessa crise.

Durante a fase que antecede o casamento, isto é, no namoro, já podem existir dúvidas sobre o acerto na escolha do parceiro e a qualidade do relacionamento. No início da vida em comum, essas questões também podem surgir, mas, em geral, nessas fases iniciais, prevalece a crença positiva de que no fim tudo dará certo, de que a adaptação ocorrerá, de que o amor triunfará, o outro acabará mudando e seremos felizes para sempre.

Claro que em muitos casos isso de fato ocorre (embora não na plenitude de felicidade absoluta idealizada pela fantasia), ou seja, com o decorrer do tempo, a adaptação e o amadurecimento do vínculo e da intimidade do casal, o relacionamento fica melhor, mais estruturado, forte e feliz.

No entanto, para vários casais, pode chegar um momento em que o questionamento é tão gritante (e sem perspectivas de respostas positivas) que não é mais possível evitá-lo, mesmo que se possa prever a dor que será desencadeada ao se encarar esse questionamento.

É quando tudo começa a mudar ou simplesmente a ficar mais claro. Sim, porque nem sempre há uma mudança drástica no relacionamento. Às vezes, os parceiros começam a se ver como sempre foram, e não como queriam se enxergar. É como se a miopia desaparecesse e a imagem real do outro ficasse nítida, por mais que esta percepção tão clara não seja agradável.

A imaturidade na época do enamoramento também não nos permite ver as imperfeições do outro. Já é bem sabido que os apaixonados olham o parceiro de uma forma idealizada, negando seus defeitos, por mais evidentes que eles sejam. Nossos avós já diziam que "o amor é cego". Muitas vezes, algum familiar ou amigo aponta para as limitações do escolhido, ou para alguma incompatibilidade séria do casal, mas os alertas costumam ser negados ou minimizados pela crença de que tudo se acertará.

Quando essa cegueira parcial causada pela idealização diminui e a percepção do outro como ele realmente é passa a ficar mais nítida e se mostra muito insatisfatória, não é mais possível negar o que se enxerga ou acreditar que tudo se resolverá e dará certo, até porque começa a ficar claro (após muitas brigas infrutíferas carregadas de frustração) que o outro não vai mudar para se atingir a relação perfeita, como se acreditava, e se constata então a impotência de transformar o parceiro. "O sapo não virou príncipe" (ou "a sapa não virou princesa"), e agora está óbvio que isso não vai ocorrer.

Quando a crise no casamento se inicia, os questionamentos aumentam e evidenciam a insatisfação, às vezes manifestada por conflitos frequentes e desgastantes, outras vezes caracterizada por um distanciamento afetivo angustiante. A ideia da separação surge em oposição a muitos argumentos favoráveis à manutenção do vínculo. O conflito está instalado. Se antes existia a certeza de que o melhor seria preservar o casamento e que tudo se ajeitaria, agora predomina a dúvida, que gera muita ansiedade e às vezes sentimentos depressivos.

O medo das mudanças e das perdas advindas do desejo de ruptura do casamento, bem como a raiva do parceiro, que geralmente é responsabilizado pelas dificuldades do relacionamento, tornam-se sentimentos constantes e difíceis de lidar e suportar.

É comum que um dos cônjuges não caminhe na direção de cuidar do relacionamento, isto é, não faz a sua parte para evitar a ruptura, porque a dificuldade e a culpa são projetadas unicamente no outro, a ênfase recai na mudança do(a) parceiro(a). É um raciocínio do tipo: "se eu entendo que o outro é quem está errado, não sou eu que tenho que mudar".

Mas vejam que interessantes e complexas são essas relações: em alguns casos, quando um dos parceiros percebe a sua própria dificuldade e começa a mudar, o outro fica profundamente insatisfeito porque essa novidade no comportamento do cônjuge desestabiliza o relacionamento, ou seja, o equilíbrio que se mantinha na relação do casal, mesmo que conflituoso, fica ameaçado. É quando a mudança de um faz com que a história construída, a dinâmica conhecida do casal, não se sustente mais. Isso ocorre porque o que sustentava o relacionamento era um funcionamento neurótico, disfuncional.

Em um dos meus atendimentos em psicoterapia, o marido começou a reagir aos desmandos da esposa que, por insegurança, era extremamente controladora e autoritária. Nessa reação, o esposo passa a impor respeito, não se submetendo mais a tudo que era decidido pela parceira. Esta, por sua vez, fica profundamente indignada, sentindo-se desrespeitada, quase traída, alegando que: "ele parece estar se tornando igual a mim justamente no que eu tenho mais dificuldade; em vez de me apoiar, ajudar a me controlar, ele está me agredindo, mandando..." E segue dizendo: "Ele sempre soube que esse é o meu jeito e que não faço por mal. E gostei dele desde o início porque me compreendia, me acalmava. Agora ele me afronta quando estou nervosa. Não vou aguentar isso, prefiro me separar". Nesse caso especificamente, pude verificar no seguimento do processo terapêutico que a ameaça de separação era um blefe, quase uma pressão para que o outro se submetesse novamente.

Em outros casos, pude observar em entrevistas individuais, dentro de um processo de psicoterapia de casal, que a pessoa percebeu a loucura do vínculo disfuncional, queria mudar mas não ousava.

É como se soubesse que o outro não suportaria a mudança e que caminhariam para a ruptura. Ou seja, a mudança levaria ao rompimento. Ouvi de uma esposa o seguinte: "prefiro enlouquecer junto com ele a me distanciar e perder esse amor".

Portanto, nessa fase inicial da crise, que muitas vezes é longa, mesmo já estando presente o questionamento quanto à manutenção desse relacionamento, com frequência se resiste à mudança. Então a crise se mantém, quase se cristaliza. São as resistências a mudar para melhorar e sair da crise ou para encarar um processo de separação. Não ata nem desata.

No entanto, a vivência pesada da crise frequentemente remete à dúvida sobre a manutenção do casamento. O prognóstico da crise começa então a entrar na pauta da reflexão individual. Com isso refiro-me às questões: Será que isso vai melhorar? Como está a qualidade da minha vida com essa ausência de harmonia e respeito? Será que ele(ela) vai mudar? É a crise obrigando a questionar o casamento.

3. Resistências que Impedem a Evolução

No decorrer de minha prática clínica, pude observar algumas formas de resistência que dificultam a resolução dos conflitos, perpetuando a crise numa dolorosa patinação que impede que se vá a qualquer direção. Trata-se, portanto, de uma impossibilidade no des-envolvimento da crise conjugal.

Retomando aqui a forma como estou utilizando a palavra "desenvolvimento": ao abordar um problema precisamos nos distanciar um pouco, de forma a diminuirmos nosso envolvimento com ele, envolvimento este que impede uma percepção mais nítida e trava o encaminhamento de soluções (para ter uma imagem concreta do que estou falando, basta aproximar um objeto dos olhos para constatar a perda de clareza da visão desse objeto. Para enxergarmos bem, precisamos de uma distância razoável, que possibilite o foco da visão). Assim, para se desenvolver, muitas vezes se faz necessário se des-envolver.

Com frequência, a pessoa se recusa a enxergar sua responsabilidade nas dificuldades conjugais, adotando uma postura acusatória em relação ao parceiro, o que impede a mudança de suas próprias atitudes para a evolução do casamento e trava o processo de amadurecimento emocional, necessário para melhorar o relacionamento. Trata-se de uma resistência a mudar o próprio comportamento disfuncional.

Outra forma de patinação na crise, com a qual me deparei em vários atendimentos, é a resistência a perceber ou encarar a dificuldade do outro. Assim, apesar do comportamento do cônjuge(a) ser sentido quase como insuportável, ele é relevado ou negado. Por exemplo, tentar justificar ou esconder (para os outros ou até para si mesmo) casos de agressão e abuso cometidos pelo parceiro por medo da ruptura, muitas vezes assumindo uma posição de submissão e se mantendo emocionalmente comprometido numa co-dependência. Nesses casos, ainda existe a esperança, mesmo que remota e inconstante, de que o outro mude seu comportamento e o abuso cesse.

Em alguns atendimentos, observei outra forma de resistência bastante forte: apesar das evidências de que a infelicidade vem se arrastando de longa data e de que não existe luz no final do túnel (predominando a desesperança, porque já não se acredita que o relacionamento vá melhorar), mesmo assim há resistência em enfrentar um processo de separação.

Como já vimos quando tratei do significado emocional do casamento, a separação mexe com a nossa identidade e imagem externa (a forma como nos veem). Assim, a perda do outro é vivenciada como um ataque à nossa autoestima, pois se nos sentimos mal-amados, a tendência é nos acharmos pouco atraentes e, às vezes, fracassados. Ficamos inseguros a respeito de como seremos vistos sem um(a) companheiro(a), como se nos tornássemos mais vulneráveis, mais pobres, menos dignos de admiração e respeito, sem falar do temor da solidão. É quase um tipo de orfandade.

Acredito que é importante salientar que a evolução no processo de resolução da crise do casamento abrange caminhos diferentes, que podem levar tanto a um progresso que melhora o relacionamento e permite sua manutenção , quanto à separação, ressaltando que os casos que se encaminham para a ruptura também são entendidos aqui como evolução, pois o vínculo está tão roto, tão falido, que o saudável, no sentido emocional, é mesmo a separação do casal.

Enfatizo aqui o significado de separação como evolução, porque, frequentemente, a única forma de resolução vista como positiva em uma crise conjugal é a superação das dificuldades e a consequente retomada de um casamento "feliz para sempre", quando, repito, em muitos casos, a trajetória para o final feliz precisa passar pelo processo de separação do casal.

A seguir, analiso de forma mais específica essas complexas e diferentes formas de resistência que acabei de citar.

> Primeiro você me azucrina
> Me entorta a cabeça
> Me bota na boca
> Um gosto amargo de fel
>
> Depois vem chorando desculpas,
> assim meio pedindo
> Querendo ganhar
> Um bocado de mel
>
> Não vê que então eu me rasgo,
> engasgo, engulo
> Reflito e estendo a mão
> E assim nossa vida é um rio secando,
> as pedras cortando
> E eu vou perguntando:
> Até quando?
>
> São tantas coisinhas miúdas
> roendo, comendo,
> arrasando aos poucos

Com o nosso ideal
São frases perdidas num mundo
de gritos e gestos
Num jogo de culpa que faz tanto mal

Não quero a razão pois eu sei
O quanto estou errado
E o quanto já fiz destruir
Só sinto no ar o momento
em que o copo está cheio
E que já não dá mais pra engolir

[...]

Há um lado carente dizendo que sim
E essa vida dá gente gritando que não...

Gonzaguinha, Grito de Alerta[2]

3.1 Resistência à Mudança Impedindo a Recuperação do Casamento

Em muitos casos de crise conjugal, até existiria a possibilidade de melhora e salvação do relacionamento, que se encontra disfuncional, se não fossem as resistências que impedem a compreensão da crise vivida (o entendimento do porquê da crise, de qual parcela de responsabilidade cabe a cada um no processo, da empatia com a dor e as insatisfações do cônjuge). Essa compreensão possibilitaria a mudança das próprias atitudes e comportamentos, viabilizando a elaboração dos conflitos e permitindo a reconfiguração do casamento.

---

[2] Gonzaguinha. Grito de Alerta. In: Mel. Polygram. 1979

Na minha experiência clínica, atendendo casais em psicoterapia, com muita frequência me deparo com falas como: "Gostaria que ele percebesse como fico magoada quando faz isso", e do outro lado: "Ela é egoísta, não percebe como é difícil pra mim, só olha para o próprio umbigo..."

Ou seja, um culpabiliza o outro e espera, ou até exige, que o parceiro altere o seu comportamento. E essa rigidez de percepção impede que a pessoa se responsabilize por parte do problema e se coloque como protagonista do conflito. Nesse sentido, gosto muito de enfatizar que nosso poder reside em mudar a nós mesmos, mas, equivocados, normalmente insistimos em mudar o outro. E disso surge muita frustração.

Quando se cristaliza essa visão estereotipada e unilateral do conflito (de que o problema é o outro e que ele precisa mudar), o processo de mudança trava e o casal começa a patinar sofridamente. Começam as brigas, que sempre repetem falas muito parecidas, com o mesmo teor de queixas em relação ao outro. São comuns frases como: "Não adianta, ela não vai mudar" e "Ele não entende, já falei tantas vezes". Não é incomum o aumento do volume de voz (para não dizer gritos desesperados), porque a sensação é mesmo de não estar sendo ouvido, já que as mesmas coisas foram ditas e repetidas tantas vezes.

Na sequência dessa patinação vem o desânimo, o cansaço geralmente extremo, a raiva do parceiro(a) alimentada pela frustração da sua não mudança, afinal a responsabilidade pelas dificuldades no relacionamento está sendo atribuída somente ao outro.

O prezado leitor com certeza já observou como, em geral, a culpa e a responsabilidade das dificuldades nos relacionamentos é sempre do outro e como isso impossibilita qualquer resolução.

Em um processo de psicoterapia é extremamente importante trabalhar a responsabilidade individual pelas dificuldades, alterando essa projeção viciada de jogar a culpa no cônjuge.

Esse processo de mudança costuma ser extremamente complexo, mesmo quando conduzido num trabalho de psicoterapia, exigindo empenho por parte do casal e manejo técnico terapêutico adequado por parte do terapeuta.

Inclui, por exemplo, investigar a ressonância das respectivas famílias de origem, que determinam muito do comportamento de cada um. Não raro me deparei nos meus atendimentos com algumas repetições de padrão familiar, ou seja, aquela dificuldade vivida é parecida com a que os pais ou avós viveram.

Também é importante acessar a memória do paciente ou o relato de familiares para descobrir as experiências que durante a infância e a adolescência geraram carências, inseguranças, e que explicam um grau elevado de exigência nos relacionamentos adultos. Que vivências fizeram com que uma falta de atenção, uma demora na resposta, ou um "Não" fossem lidos como rejeição, como desconsideração, gerando raiva, ansiedade e cobranças exageradas do parceiro?

Há pouco tempo, em um atendimento em psicoterapia de casal, a fala recorrente do marido era que a esposa demorava muito para responder as mensagens pelo WhatsApp ou não atendia ligações no celular: "O que será que está fazendo que nunca me atende... como não desconfiar dela...", e a resposta da esposa: "Ele é sempre desconfiado, não respeita meu horário de trabalho, pensa que tenho que estar sempre à sua disposição".

Portanto, é preciso resgatar o poder de mudança individual através do conhecimento das próprias dificuldades, pois assim o indivíduo deixa de ser um mero dependente da atuação do outro e se torna autor da sua história de casamento e de sua evolução individual, possibilitando que cada um atue como agente de mudança, destravando a patinação e possibilitando a retomada de um casamento funcional.

Quero deixar claro que estou me referindo aqui aos casamentos "vivos", aqueles que têm potencial de recuperação do vínculo disfuncional, mesmo que precisem de ajuda psicoterápica para essa recuperação.

Nos casamentos efetivamente falidos, o prognóstico com certeza é ruim e esse trabalho provavelmente está fadado ao fracasso.

Por isso, a experiência e formação do profissional que atende casais em psicoterapia é relevante, pois é fundamental que sejam feitas entrevistas iniciais diagnósticas para avaliar que modalidade de trabalho de psicoterapia é mais indicada, às vezes pode ser de casal, individual e algumas vezes de família.

3.2 Resistência à Separação

Como já mencionei, em muitos casos diferentes do que vimos acima, o casamento está falido ou morto, ou seja, o prognóstico de recuperação é ruim ou inexistente. A própria escolha do parceiro pode ter sido equivocada ou a crise prolongada e permeada por desrespeito e agressão já resultou em um desafeto consistente, em que o vínculo conjugal já está tão esgarçado quanto um tecido muito roto e não há mais possibilidade de conserto.

Quando não há mais esperança de recuperação de um relacionamento positivo, satisfatório, para que o casal siga com sua parceria na vida, a separação emerge como o caminho possível para sair dessa vivência sofrida e crônica de um vínculo tão comprometido.

No entanto, mesmo que já exista a percepção de que a situação não vai melhorar, a resistência à separação ainda surge e, surpreendentemente, com muita força. Assim, em vários casos, por mais absurdo que possa parecer para alguém que olha de fora, não basta saber que o casamento não vai melhorar, que não tem mais jeito, para que a decisão pela separação seja tomada.

Relembro o leitor do significado emocional do casamento que vimos anteriormente, que explica esse aparentemente absurdo empacamento ao olhar de algum expectador (um familiar, por exemplo) desse drama conjugal.

A resistência à ideia da separação como saída, em geral se apoia no apego às migalhas de satisfação que o vínculo ainda oferece. É uma espécie de dependência daquilo que o parceiro propicia, por mais que a relação como um todo seja insatisfatória.

Talvez nem seja mais o que o parceiro propicia, mas sim os ganhos decorrentes da manutenção do estado de casado, ou seja, a própria identidade construída nos moldes de um indivíduo casado; uma casa confortável, organizada e repleta de referências da própria história; uma rotina à qual se está acostumado; filhos imbuídos de toda sua importância afetiva; patrimônio construído; expectativas de familiares e amigos; enfim, a comodidade de uma vida já conhecida, "estável e resolvida", e com o selo da aprovação social,

Para facilitar a compreensão do processo, vou tecer um paralelo com o vício no uso de drogas e a abstinência.

Assim como ocorre com o viciado, também no casamento quando as brigas e insatisfações provocam o afastamento afetivo ou separação temporária de um dos cônjuges, a ausência do outro, a privação afetiva, podem ser tão difíceis quanto a de abstinência de uma droga. Quando o casal retoma a aproximação, a sensação de alívio é semelhante a de retomar o uso da droga. Ouvi de uma paciente que "foi como tirar a dor com a mão", quando ocorreu a reaproximação com o marido, após um afastamento provocado por uma briga séria.

O não enfrentamento da decisão de se separar em geral decorre dessa dependência. Para tanto, recorre-se a todo tipo de negação, fuga ou analgesia que possibilitem aguentar a situação como está. Mas, como todo tipo de sedação, analgésico para tirar a dor, cortina para esconder o não resolvido, tudo que foi pra baixo do tapete mais cedo ou mais tarde reaparece.

E, assim como o usuário interrompe o uso da droga quando se depara com os prejuízos e o desconforto causados pelo vício, o casal pode repetir o afastamento sempre que fica escancarada a convivência difícil.

Só que nada se resolve com esse tipo de rompimento, já que se sabe de antemão que é provisório, não é uma decisão de separação. Assim, as dificuldades são apenas temporariamente aliviadas pelo afastamento, mas logo a dor volta pelo peso da ruptura, pela fissura do vício do relacionamento, pela dependência. Então, se esse distanciamento com promessa de separação dura um pouco mais, é comum o forte desejo da retomada. Entram em cena falas como: "Chega disso, vamos retomar nossa vida normal, nossa casa, nossos planos, não vamos destruir tudo", quase como uma criança que diante da frustração diz: "Não quero mais brincar disso".

O complicador nesse processo é que, assim como em qualquer vício, para se livrar da dependência é preciso suportar a abstinência, o desprazer, as perdas (a tal da fissura). É por isso que a superação dos vícios, em geral, é tão difícil.

Vejamos mais de perto algumas dessas resistências:

3.3 A Dificuldade de Abrir Mão de um Projeto de Vida a Dois ou Familiar

O término deste projeto chamado casamento tende a ser interpretado tanto pelo seu protagonista quanto pelo contexto que o cerca como um fracasso, como prova de incompetência. Abrir mão disso, portanto, remete ao desprestígio social.

Além disso, trata-se de uma construção complexa, com vários pilares como o afetivo, o financeiro, o da valorização social. Assim, parece menos doloroso manter um projeto de vida falido do que admitir que é melhor desistir dele.

É uma questão de olhar para esse vínculo como um investimento (como detalharemos adiante em recuperação), o que de fato é, entendendo que é muito difícil abrir mão dessa vida tão organizada, dessa rotina conhecida e que exatamente por ser conhecida, parece confortável (o novo tende a ser visto como desconfortável. São muito repetidas falas como: "sair da zona de conforto")

O desejo de separação surge, então, atrelado ao medo de ter que começar tudo de novo, dos prejuízos e de todo o trabalho envolvido nessa decisão.

3.4 A Dependência Sexual e de Intimidade

O tempo de relacionamento e de conhecimento do parceiro(a) gera uma grande intimidade inclusive, é claro, na área da sexualidade e é nesse território da intimidade sexual que o medo da perda, o ciúme e a posse costumam se fixar mais.

Isso pode ser compreendido de duas formas dentro do nosso funcionamento relacional. A primeira é que na sexualidade parece residir o mais alto grau de intimidade entre dois seres humanos, propiciando, mesmo que por poucos instantes, a ilusão de fusão, de integração total com o parceiro por meio da união dos corpos, e essa ilusão de integração costuma ser favorecida em um relacionamento de convivência tão constante, que inclui essa sexualidade no contrato de "indissolubilidade" do casamento (mesmo que esse seja equivocado). A segunda está relacionada com o fato da experiência do casamento, especialmente se este for longo, desenvolver bastante a intimidade e o conhecimento mútuo, trazendo em geral uma sensação de "ficar muito à vontade com o outro", que já sabe o que fazer para agradar e o que não é bem-vindo, e vice-versa, ou seja, sabendo também do que o parceiro gosta ou não, o que faz com que o indivíduo se sinta mais no "domínio do território" e o que esperar nos momentos de proximidade.

Assim, dessas duas percepções (a proveniente da ilusão de fusão com outro ser humano e a que deriva do conforto de conhecer o parceiro e de ser conhecido por ele) decorre o medo da perda de intimidade, mesmo que esta não seja positiva, isto é, que não gere exatamente aconchego e confiança.

Estamos diante da crença de precisar, ou melhor, de depender dessa proximidade tão conhecida.

Tratamos aqui da importância da construção da intimidade e a dependência dela resultante, independentemente, repito, dessa dependência ser positiva ou negativa. Estou me referindo à força desse íntimo conhecimento mútuo na manutenção do vínculo.

Muitas pessoas verbalizam claramente que preferem manter o conhecido a começar o novo, porque esse recomeço, além de dar muito trabalho, assusta simplesmente por ser desconhecido. Claro que, quando se trata de algo tão expositivo e de entrega, como a sexualidade, isso ressoa mais fortemente.

3.5 A Questão Financeira

É muito conhecida e até superestimada na nossa cultura a importância da área financeira como definidora da qualidade de vida.

Assim, o medo da queda do padrão de vida é real, pois, de fato, é muito difícil para as pessoas em geral lidar com perdas concretas, seja de bens, imóveis, objetos ou dinheiro.

A nossa cultura associa felicidade e bem-estar a poder financeiro e objetos de consumo. E, na maioria das separações, ocorre um empobrecimento nesse sentido.

Daí vem a tendência de acreditar que tais perdas materiais acarretarão infelicidade e desprestígio social. Embora exista um fundo de verdade nisso, o medo superdimensiona os riscos e as perdas reais por causa dos valores de nossa sociedade. Além disso, é bastante provável que uma vida mais tranquila e digna propicie um bem-estar enorme, apesar do empobrecimento financeiro.

Com o término de um relacionamento ruim, também se abrem possibilidades de recuperação, de mudanças e crescimento na vida, inclusive financeiro, e de conquista de autonomia. É comum as pessoas não crescerem, não desenvolverem suas plenas possibilidades profissionais quando vivem um casamento infeliz caracterizado pela dependência financeira. Nesse sentido, o futuro pode ser surpreendente, até mesmo libertador, após a separação. Evidentemente que não de imediato e não sem passar pelo doloroso processo de elaboração e reconstrução. Dá trabalho, sim, mas que processo de crescimento ou evolução não dá trabalho? Abordarei esse tema mais detidamente na parte de recuperação.

3.6 O Hábito de Cuidar do Outro

O casamento faz com que a pessoa se ocupe bastante com as questões e demandas do casal e da família. Quando o(a) parceiro(a) se torna a relação mais importante, o casal na realidade está estabelecendo mais do que isso, é como se contratassem a disponibilidade integral de um para o outro.

Assim, dedicar atenção a tudo aquilo que o outro possa eventualmente precisar no cotidiano e na rotina, incluindo saber onde ele ou ela se encontra, o que está fazendo, se está tudo bem, se precisa de algo, torna-se parte do hábito da vida a dois. Esse olhar cúmplice e atencioso costuma ser de mão dupla, mesmo que não necessariamente afetivo e agradável dos dois lados (às vezes é um olhar controlador, até sufocante, mas ainda assim disponível e atento).

E essa dinâmica do casal gera uma sensação de vida preenchida não só com ocupações e compromissos, mas também com objetivos, na medida em que se vive uma rotina, com tarefas e problemas, até mesmo com as angústias da dificuldade de relacionamento com o parceiro.

Por mais estranho que possa parecer mediante um olhar analítico, as angústias e dificuldades também propiciam a sensação positiva de vida preenchida. É quase como se fosse preferível estar ocupado, mesmo que com tarefas e problemas não tão agradáveis, a se deparar com o vazio (sentir-se sem função, sem ter de quem cuidar, sem ter do que se ocupar o tempo todo). Ouvi o seguinte de uma paciente em crise no casamento: "Sempre quis ter alguém de quem cuidar e que cuidasse de mim, e acho que todo mundo precisa disso... De certa forma, ainda tenho isso. Gosto de chegar em casa e preparar nosso jantar, mesmo que a gente brigue... E ele me ajuda também, claro que não como antes e quase sempre de mau humor".

É como se o ato de dedicar-se ao outro conferisse importância à pessoa, pois assim a tornaria necessária para alguém. O cuidar também remete à sensação de pertencimento, de conexão afetiva, o que alivia a sensação de desamparo, que costuma ser muito dolorosa. Outra paciente vivendo um casamento que gerava sofrimento há um bom tempo e que desejava a separação, relatou: "Fui arrumar nossa cama pela manhã e ao dobrar o pijama dele, que fui eu que lhe dei no seu último aniversário, senti uma angústia ao pensar que não teria mais aquele pijama para dobrar... Cheirei o pijama, me emocionei... Acho que não aguentaria essa ausência..." Utilizei acima a palavra "hábito", porque esses cuidados entre o casal entram no automático e passam a ser sentidos como parte da rotina da vida conjugal e se tornam quase uma necessidade. Em decorrência disso é que projetar a ideia de afastamento do outro, e consequentemente não ter mais de se ocupar com as demandas deste, acarreta uma sensação de falta, um vazio, que parece insuportável.

3.7 A "Nobre" Função de Salvar o Casamento

Com a crise e a percepção de casamento falido, a ideia da separação passa a fazer parte do cenário, mesmo que a princípio se restrinja aos pensamentos. É comum surgir, na sequência da composição dessa trama real, a ideia de que é preciso salvar o casamento. Essa ideia vem alicerçada por valores considerados nobres na nossa sociedade, como a manutenção da família e a indissolubilidade do vínculo matrimonial.

Uma sensação de onipotência também pode fazer a pessoa acreditar que cabe a ela a importante e nobre função de salvar o casamento, o que a faz sentir-se superior ao cônjuge, por considerar valores tão nobres e valiosos que ele parece desprezar. Trata-se aqui, não de considerar o casamento um vínculo feliz que deve ser preservado, mas sim um vínculo valioso na visão cultural externa e na percepção internalizada, que precisa ser mantido, mesmo que ruim.

No entanto, já testemunhei casos em que, embora já se tenha concluído racionalmente que o relacionamento, por ser ruim, deve terminar, mesmo assim ainda persiste a ilusão de que talvez ele possa melhorar se o indivíduo se esforçar muito ou então fizer muitas concessões, tudo em prol do nobre movimento de salvar o casamento e a unidade familiar. A manutenção do vínculo é vista quase como uma recompensa pelo esforço, afinal tendemos a acreditar que os comportamentos nobres serão recompensados.

Durante um bom tempo, tudo isso faz sentido para o casal em crise porque a alternância entre a descrença na relação e a perspectiva de salvá-la e ser feliz para sempre inclui a esperança derivada das tréguas, quando ocorre uma melhora da relação conjugal (mesmo que seja por um curto período e sem consistência). Nesses momentos, a salvação do casamento é vivenciada como uma possibilidade e como um desafio, que testa, além da nobreza de valores, a própria competência e necessidade de evitar o "fracasso" e a infelicidade.

3.8 A Recusa em Aceitar a Rejeição

Na maioria dos casos, a percepção de que o parceiro não gosta mais da gente e não quer manter o casamento é vivenciada como uma rejeição (e de fato é, mas é subjetiva essa interpretação de rejeição) e pode causar feridas na autoestima, especialmente na vaidade. Em decorrência disso, às vezes a dor pelo "desprezo" do outro toma o cenário todo e ofusca outra verdade, que é a nossa própria insatisfação com o relacionamento, o nosso desejo de separação e descrença de que a situação vai se ajeitar.

Dessa forma, o que grita é o pavor de ser deixado e então o próprio desejo de sair do casamento fica trancado no almoxarifado.

Em um atendimento em psicoterapia, após algum tempo de trabalho terapêutico, ouvi de uma esposa cujo marido havia pedido a separação: "Nossa, estou começando a repensar se eu também quero continuar... Não sei se do jeito que está dá para ficar, faz tempo que não estou feliz. Antes só doía saber que ele não queria mais estar comigo, que não me amava mais".

Em geral, é um golpe muito pesado perder a certeza, nutrida durante tanto tempo, de que somos a pessoa mais importante para o outro, perder a segurança afetiva que essa certeza propicia.

Alguns casos de vivência da rejeição podem até chegar à beira da tragédia. Assim foi com uma mulher cujo marido havia decidido se separar, decisão que ela não aceitou e então passou a fazer tudo que podia imaginar para recuperar o casamento, inclusive submeter-se a todos os desejos do cônjuge mesmo que se sentisse violentada nos seus valores. Decorrido algum tempo dessa luta para manter o casamento, o marido anunciou novamente que iria embora. Foi aí que ela surtou na frente do filho de seis anos e agrediu fisicamente o marido, tentando matá-lo.

Posteriormente, em uma primeira sessão de psicoterapia, ela revelou que: "Já não gosto dele há muito tempo, mas amava estar casada, ter minha família... E ainda desejo matá-lo ou fazê-lo sofrer, para que sinta um pouquinho da minha dor".

Algum tempo depois, descobriu que o marido tinha um caso com outra mulher. Foi então que surtou realmente e tentou atropelá-lo. Não conseguiu e então ingeriu uma overdose de medicamentos sedativos e quase faleceu (essa paciente não tinha histórico de descompensações emocionais anteriores).

Destaco com essa ilustração da vida real que transita no território das tragédias, a força destrutiva que pode ter o sentimento de rejeição.

Dessa forma, é comum o temor de vivenciar a rejeição roubar a cena, por ser um sentimento muito doloroso e lesivo ao ego (ressaltando que é sentido diferentemente de pessoa para pessoa) e que, portanto, por ressoar com tanta intensidade, geralmente impede um aprofundamento e a elaboração que levariam à aceitação da rejeição (sim, porque quase sempre a rejeição existe mesmo) e à tomada de decisões mais amadurecidas, como a de separar-se.

3.9 O Medo da Solidão e da Sensação de Desamparo

Como já vimos, o casamento, independentemente de ser um vínculo bom e funcional ou de ser ruim e disfuncional, quase sempre propicia um certo conforto derivado da "certeza" de "ter alguém", de não estar só. Esse conforto é validado pela crença popular muito difundida em nossa cultura de que "é melhor estar mal acompanhado do que só".

A solidão é percebida, portanto, como uma grande ameaça. Esse risco é ainda amplificado pelo medo da sensação de desamparo. Aqui, com certeza, também entra a crença cultural de que só estaremos amparados se formarmos um par amoroso numa relação estável e segura. Isso é tão forte que, mesmo que já não exista este par amoroso idealizado, se ainda existir a relação "estável e segura" tapamos o sol com a peneira e tentamos tocar em frente.

O medo da ruptura e da dor decorrente é frequentemente associado ao fantasma da solidão, que é vislumbrada como um espectro assustador, porque é identificada pelo inconsciente com a dura sensação de desamparo. Logo, a ideia do término do casamento é relacionada à solidão que, por sua vez, desperta o medo imediato da dor do desamparo, o que explica o terror que muitas pessoas têm da ruptura. Já adianto que é equivocada essa identificação da solidão com o desamparo e, mais adiante, explanarei melhor esse equívoco ao abordar o processo de resolução das resistências, o término de um casamento falido e a recuperação pós-separação.

O importante a ser ressaltado aqui é que ter um par amoroso e manter um casamento proporciona a sensação de pertencimento, familiar, social e até cultural, pois estar inserido na célula social chamada "família" compõe a estrutura e corresponde ao esperado pela sociedade, facilitando sua dinâmica e funcionamento. Ao viver num grupo familiar inserido num grupo social, o indivíduo se sente enquadrado, no sentido protetor da palavra, sente que está de acordo com o senso comum e usufrui da continência propiciada por esse molde, o que se contrapõe diretamente ao sentimento de exclusão que deriva de sentir-se diferente dos demais, periférico. A sensação de não pertencimento e o sentimento de exclusão são conceitos diferentes, mas não é pertinente, nem necessário, entrar aqui nos preceitos teóricos. Basta entendermos que o sentimento de exclusão é mais assustador e doloroso que o de não pertencimento a um grupo familiar, embora essas vivências e dores costumem vir em sequência.

Ocorre que, ao ser dominado pelo sentimento de exclusão, o indivíduo se sente diferente dos demais e geralmente se envergonha por perceber-se como carta fora do baralho, por sentir-se descartável.

E esse sentimento pode ser tão assustador que, para evitá-lo, a pessoa entende que precisa ficar no casamento, mesmo que falido, para driblar o medo da solidão e do desamparo.

3.10 O Medo das Perdas Decorrentes da Separação

Refiro-me aqui ao medo da perda, do prejuízo em si, independentemente de qual seja, visto que, para muitos indivíduos, esse medo é uma tônica que norteia uma espécie de filosofia de vida cujo objetivo primordial é evitar perdas. O prezado leitor já deve ter observado como é sempre difícil aceitar o prejuízo de um investimento financeiro que parecia tão bom. E como, às vezes, se teima em manter um investimento, porque esta parece ser a saída para evitar um prejuízo ainda maior ou para recuperar o que está se perdendo (vai que o cenário econômico muda e volta a ser o que era quando o investimento dava lucro). Então não é incomum a insistência num investimento falido, mesmo contrariando a orientação do gerente do banco.

Essa insistência ocorre porque desistir agora significa arcar com as perdas, aceitá-las e mudar de rumo, fazendo outras apostas e, claro, encarando novos riscos.

Sabemos que a separação consiste, a grosso modo, num pacote de perdas, concretas, emocionais e afetivas (vou me abster de abordar aqui os ganhos decorrentes da separação, tópico que veremos na parte de recuperação pós-separação). Então, na medida em que a separação é vista como esse pacote de prejuízos, fica fácil entender que quem tanto teme perder terá a tendência de evitar fortemente a ruptura do casamento.

Contudo, esse aprisionamento no temor das perdas traz à tona a questão das escolhas que podemos fazer, obrigando-nos confrontar a realidade de que toda opção implica uma perda (ouvi essa frase de um professor de Psicopatologia na época remota em que cursava a faculdade de Psicologia).

Tudo que se pode fazer é entender qual perda é menos difícil e escolhê-la. Assim, se a pessoa optar por ficar no relacionamento, terá de lidar com determinados limites, dificuldades e sofrimentos; se decidir sair do relacionamento terá de encarar outros limites, dificuldades e sofrimentos. Não tem como zerar o prejuízo, em nenhuma escolha na vida.

Os prejuízos sempre existirão, mas é claro que são muito subjetivos, porque dependem de cada casal e do que é importante para cada indivíduo. Assim, para um, pode ser o receio da forte perda afetiva de se afastar da família de origem do parceiro, o que, para outra pessoa, já pode ser visto como um alívio (bastar olhar para os exemplos muito conhecidos do desejo de livrar-se da sogra ou de um cunhado inconveniente).

Na mesma linha, para uma mulher que tem um marido disponível pode ser um peso não ter mais quem faça o supermercado ou a feira, ou para um marido que tem uma esposa organizada pode ser difícil imaginar não ter mais quem administre tão bem a casa. Para outros, no entanto, pode ser libertador poder organizar suas próprias coisas e cuidar sozinho das tarefas.

Outro temor semelhante à perda de um investimento pode ser definido como a dívida do cônjuge no casamento, isto é, acreditar que tudo que o outro é hoje se deve aos anos de convivência com o parceiro, que o "mérito" pelo desenvolvimento ou aprendizagem do(a) companheiro(a) precisa ser reconhecido, ou mesmo ressarcido de alguma forma, na sequência do casamento. Tal qual um investimento cujo lucro poderá ser creditado a outro se houver uma ruptura.

Como o paciente que afirmou: "Acho intolerável a ideia de que eu fui um rascunho e que ela está passando tudo a limpo com outro".

O contrário também ocorre, ou seja, o temor de perder o que o outro ainda propicia, conforme expresso por uma paciente: "Meu marido me explora, me maltrata, mas me supre. Ele é o provedor, paga tudo, cuida de tudo o que precisamos" (tratava-se de uma mulher com receio de não conseguir se sustentar financeiramente sozinha). Ouvi muitas vezes esse discurso de que o parceiro explora, é ruim, mas supre, nas falas de pacientes, e não só em relação ao lado financeiro, em alguns casos o outro era provedor de outras formas. Mesmo que o relacionamento tenha sido caracterizado como hostil, o foco maior vai para os ganhos que ele proporciona e o temor de perdê-los.

Portanto, as mudanças decorrentes de uma possível separação adquirem uma dimensão maior nesse momento, pelo medo da perda em si (forte principalmente em indivíduos mais apegados) e pela somatória das mesmas (o pacote de perdas da separação). Isso acaba determinando o empenho na manutenção do vínculo.

A fase de resistência à separação costuma demorar um bom tempo por causa da já mencionada alternância entre o sofrimento aliado ao desejo da separação e a esperança inerente à possibilidade da reconciliação e manutenção do vínculo.

Dá para compreender, portanto, analisando essas resistências, o tamanho do risco implícito na ideia da separação. Adianto que o risco gerador desses medos, dessas travas, é fruto também (ou que pelo menos tem sua intensidade amplificada) de interpretações pré-concebidas equivocadas, tanto culturais quanto da psicodinâmica individual, que veremos adiante na parte de recuperação e saída da crise.

3.11 Resistência à Separação é FRUTO do Amor?

Frequentemente ouço de pacientes que estão sofrendo e patinando na crise conjugal que eles não querem se separar porque gostam um do outro, porque ainda existe amor. Em alguns casos, isso se mostra verdadeiro e fornece subsídios para a superação da crise e manutenção do casamento. No entanto, em outros, vai se evidenciando uma inconsistência, quando não uma forte confusão, nessa argumentação da presença do amor como base para manutenção do vínculo.

Para compreendermos melhor, precisamos pensar um pouco sobre o que é o amor e o que é a dependência. E em como ambos podem ser misturados em uma confusão aprisionante, confusão essa derivada em grande parte da massificação cultural, como vemos em uma das canções mais famosas da MPB:

> Vou te contar
> Os olhos já não podem ver
> Coisas que só o coração pode entender
> Fundamental é mesmo o amor
> É impossível ser feliz sozinho
>
> O resto é mar
> É tudo que não sei contar
> São coisas lindas que eu tenho pra te dar
> Vem de mansinho a brisa e me diz
> É impossível ser feliz sozinho...
>
> Tom Jobim, Wave[3]

E o que é o amor?

Se buscarmos a definição desse termo no Dicionário Aurélio, encontraremos pelo menos treze itens abrangendo diferentes tipos de amor. A primeira definição é: "sentimento que predispõe alguém a desejar o bem de outrem ou de alguma coisa", mas, na sequência, refere-se ao amor ao próximo ou amor ao patrimônio artístico de sua terra. A segunda é: "sentimento de dedicação absoluta de um ser a outro ser ou a uma coisa; devoção; culto; adoração"; enfim, podemos passar por todas as definições e ainda assim não obteremos clareza, apesar de toda a objetividade a que o dicionário se propõe com sua indiscutível competência.

Trata-se de um conceito abstrato e de extrema complexidade. E aqui estamos tratando especificamente de amor romântico, o que complica ainda mais.

---

[3] JOBIM, Tom. Wave. In: *Wave*: A & M Records, 1967. 1 LP. Faixa 1.

Na compreensão do significado do amor romântico, precisamos ter claro que se trata de uma construção cultural repetida e consolidada ao longo do tempo, extremamente arraigada, portanto.

Essa construção cultural chamada "amor", como muitas outras construções herdadas culturalmente, se transforma em crença e adquire grande importância para a raça humana, importância essa ligada à ética e ao funcionamento moral e social, que protegem e organizam nossas relações, conferindo significado à vida e garantindo nossa humanidade. Pretendo aqui ressaltar a importância do amor.

O amor romântico é considerado uma necessidade, de tal forma que deixa de ser visto como herança cultural para ser entendido como um valor intrínseco à natureza humana (por já se constituir numa crença). Assim, por ser transmitido há muito tempo como uma necessidade primordial, perdeu-se de vista que, na verdade, trata-se de uma forte crença aprendida, que tem uma função importante: aliviar nosso desamparo, este sim inerente à condição humana.

Embora entendido em geral como uma necessidade humana e universal, é sabido que essa capacidade de amar e de quem amar e de como amar, é subjetiva, variando muito de pessoa para pessoa. Inclusive porque mecanismos inconscientes determinam nossa ausência de controle, tanto na escolha do par amoroso quanto na manutenção do amor por ele.

O que quero dizer é que não temos um controle consciente sobre a decisão de quem vamos amar ou deixar de amar.

Mas meu foco aqui, como adiantei no início desse tópico, é a confusão entre amor conjugal e dependência conjugal que observei nos meus atendimentos clínicos.

O que de fato pude constatar é que nas relações amorosas da maioria dos casamentos costuma predominar a dependência do parceiro.

Esta dependência se formata de diversas maneiras, mas implica sempre uma certa necessidade da presença do outro.

Deparei-me inúmeras vezes com o desejo de um controlar o outro para "se garantir" dos riscos de perdê-lo, para sentir poder no relacionamento através do domínio, com a decorrente sensação de posse. E, muitas vezes, do lado que parece mais frágil (mas nem sempre é o mais frágil), ou seja, do parceiro com menos autonomia que está sendo controlado, percebe-se um temor de não sobreviver como ser social, economicamente ou até afetivamente sem o cônjuge, reagindo então com submissão também por medo de perdê-lo. Trata se de uma submissão ressentida, é claro (muitas vezes com raiva represada), e com manipulações camufladas que permitem também obter certa forma de controle sobre o outro.

Assim, tanto o que parece mais forte como o que aparenta maior fragilidade e submissão buscam se garantir porque temem o afastamento do outro, porque precisam, dependem desse(a) parceiro(a), lembrando que me refiro aqui aos casamentos em crise e aos que, mesmo não em crise manifesta, possuem um vínculo com dinâmica comprometida emocionalmente.

Numa relação de dependência (como já vimos acima) predomina o apego à essas formas de relacionamento disfuncionais. Trata-se do apego ao conhecido mesmo que insatisfatório ou ruim.

Configura-se, então, a necessidade de manter a todo custo o que o vínculo parece suprir, mesmo que sejam migalhas propiciadas pelo outro, o que pode incluir a rotina estabelecida, o compartilhamento de ideias, pensamentos, relatos do cotidiano, a vida sexual. Mesmo que a receptividade do parceiro não seja positiva e mesmo que a qualidade de tudo isso seja questionável, predomina a tolerância ao sofrimento e o desconforto, em alguns casos com a negação deles.

E a justificativa recorrente para tanta tolerância normalmente é o amor. Falas com o seguinte teor: "Eu aguento porque gosto muito dela... Sinto que preciso dela... É difícil imaginar como eu ficaria sem ela".

Da mesma forma que acontece com um viciado sentindo falta da droga, a ausência do outro, a privação do que ele proporcionava é vivenciada como uma sensação de vazio, solidão e desprazer insuportáveis. Isso caracteriza a dependência, que é facilmente confundida com amor mediante a justificativa de que "o amor exige concessões" (verbalização de paciente explicando sua tolerância para com os abusos da companheira).

As necessidades individuais, numa relação de casamento, podem ser tão entrelaçadas, ou pior, fundidas, que o outro quase que se torna parte de si mesmo. Fica fácil romantizar isso e falar em nome do amor.

Um paciente em psicoterapia imerso nesse aprisionamento me disse que: "Ele fazia tanto parte de minha vida que era como se fosse peça importante e necessária da mobília de nossa casa. Difícil imaginar como viverei sem ele". E é interessante observar a própria desqualificação implícita nessa fala, mesmo com a importância atribuída ao outro, porque "parte da mobília" soa como pouco importante (e portanto substituível) e prescindível na realidade.

Essa dependência tão frequentemente confundida com amor produz uma saudade antecipada, uma dor pela perda que ainda não foi vivenciada, mas que pode ocorrer.

Embora não seja nosso objetivo aqui, é importante citar, para compreensão do leitor, que a dependência e o medo da dor da perda já foram vivenciados pelo indivíduo na evolução de sua relação primitiva com a mãe, desde o corte do cordão umbilical, formando cicatrizes emocionais. Daí a familiaridade inconsciente, a potência da dor e a saudade antecipada, que só podemos ter, de sentimento já conhecido.

As emoções derivadas desse medo da perda, desse apego, amplificam a importância da manutenção do enlace e turvam a memória (que apaga as experiências ruins e ressalta as boas) remetendo a um panorama romântico, com a ilusão da presença do amor.

Como bem diz Clarice Lispector:

> Saudade é um pouco como fome. Só passa quando se come a presença. Mas às vezes a saudade é tão profunda que a presença é pouco: quer se absorver a outra pessoa toda. Essa vontade de um ser o ou-

tro para uma unificação inteira é um dos sentimentos mais urgentes que se tem na vida.[4]

Portanto, independentemente de qualquer definição, e sem ignorar o lado inconsciente do sentimento de amor, podemos afirmar que este apego e essa dependência do outro ou do pouco que a relação ainda oferece, embora seja um sentimento poderoso, não é amor. E não resolve o sofrimento, só o perpetua. Mantém-se a tolerância aos prejuízos todos da relação para preservar as migalhas que restam e, principalmente, para não se perder a ilusão do par amoroso, na medida em que aprendemos desde a infância que, para sermos felizes, precisamos estar intimamente, amorosamente, ligados a alguém, de preferência através do "seguro" contrato de casamento. E, claro, para todo e sempre.

É aquela ideia romântica de um casal de velhinhos passeando no parque; viajando juntos e felizes.

Só que nessa visão romântica não cabe um olhar mais atento aos velhinhos, porque poderia se perceber um quê de decepção conformada na velhinha, ou uma irritação contida no velhinho, ou mesmo uma profunda tristeza nos olhos de ambos; sentimentos mal disfarçados em expressões cristalizadas, moldadas durante toda uma vida.

Na visão idealizada do casal idoso só se observa o fato de que estão juntos e daí se interpreta que devem ser solidários e felizes. Mas muitas vezes se sentem solitários e infelizes.

---

[4] LISPECTOR, Clarice. A descoberta do mundo. Rio de Janeiro: Rocco, 2008, p. INSERIR PAGINA

3.12 Algumas Crenças que Dificultam a Aceitação da Separação (Antes e Após a Separação)

Vamos entrar aqui no território das crenças.

Optei por destacar algumas crenças nesse tópico à parte porque pude observar, na minha prática clínica em psicoterapia de casais, a recorrência com que elas acabam se configurando como travas que dificultam, e muito, a aceitação e a elaboração da separação.

Continuo me referindo aos vínculos disfuncionais, os tais casamentos falidos em que a finalização é de fato a melhor saída e nos quais, em geral, até já existe uma consciência disso por parte de um ou dos dois cônjuges.

Por isso, considero importante entender as crenças e sua força de estagnação, quero dizer, de impedimento de transformação e evolução.

As crenças são bem conhecidas pelos profissionais da área de Psicologia, por causa de sua força e da resistência que impõem às mudanças. Essa resistência pode ser compreendida pelo motivo por que são construídas e pela forma como são transmitidas.

Explanando brevemente, o que ocorre é que a construção da maioria das crenças deriva da necessidade de preservação do bom funcionamento dos grupos sociais (ou pelo menos do que aquele grupo considera um bom funcionamento) e são passadas culturalmente, gerações após gerações, em geral com pouco e, às vezes sem nenhum questionamento.

Essa transmissão ocorre muito precocemente no desenvolvimento do indivíduo. Assim, desde criança, as crenças são recebidas como um pacote pronto, inquestionável e importante, transmitido pelos pais e familiares (que são as pessoas mais confiáveis e sábias aos olhos do pimpolho). Posteriormente, elas são fixadas pela repetição da família, da escola ou da religião. São vários os canais que auxiliam na reprodução das crenças.

Acrescento que incluirei aqui algumas crenças construídas quase que tão-somente na estruturação e dinâmica familiar específica de cada indivíduo, isto é, daquele grupo familiar.

Essas crenças não são genéricas como as culturais predominantes. No entanto, mesmo não sendo necessariamente partilhadas pelo contexto social mais amplo, no qual está inserido a família (embora às vezes sejam comuns para parte do grupo social), percebi nos meus atendimentos que elas são recorrentes e igualmente fortes no seu funcionamento enquanto travas, porque também são transmitidas precocemente e repetidas pelos familiares ao longo da infância, da adolescência e muitas vezes na vida adulta. Também pude observar a forte carga emocional implícita nessas crenças familiares.

Fica então fácil entender por que a desconstrução de tais crenças, sejam familiares ou culturais, é tão difícil, inclusive em processos terapêuticos, pois observei que essas crenças funcionam como travas na evolução emocional, antes e após a ocorrência da separação.

Assim, antes do término do casamento, elas dificultam ou até impedem o indivíduo de tomar a decisão de se separar e, após a separação concretizada, geram sofrimento emocional (o que veremos na parte da separação emocional, mais adiante).

Apresentarei uma a uma as crenças mais comuns na minha experiência profissional (isso passa por uma dissecação teórica que não me agrada muito, mas que entendo como necessária para a compreensão). Vamos lá.

3.12.1 Ser Especial e Único para Alguém

Temos aqui uma necessidade que deriva de uma crença que, para muitas pessoas, impossibilita aceitar a separação. Trata-se da necessidade de ser especial, de sentir-se especial para o outro, com tanta intensidade que, no casamento, o parceiro é percebido como a principal referência afetiva.

Não importa aí que o vínculo seja ruim e causador de infelicidade; o que pesa é a sensação de pertencimento que o outro propicia, a certeza de ser o foco principal do outro, mesmo com tensões.

A força desse sentimento decorre do fato de termos herdado culturalmente, como crença, a certeza de que precisamos ser eleitos por alguém como a pessoa mais importante do mundo.

Essa transmissão cultural costuma eleger, no mundo adulto, o casamento como a realização da conquista desse patamar de segurança afetiva.

Sabemos que no mundo infantil os relacionamentos que proporcionam tal segurança de ser especial afetivamente são os familiares. É fácil perceber isso, principalmente na relação inicial da criança com a figura materna.

Claro que nem sempre, infelizmente, há essa base segura e feliz na infância com a família de origem. E o pior é que, quando isso não ocorre, o indivíduo tende a buscar ainda mais avidamente o preenchimento desse vazio, dessa insegurança, de preferência com um parceiro(a) amoroso(a), "consolidando" essa conquista através do casamento.

Em outros casos em que não é vivenciado esse porto seguro afetivo com a família de origem, a pessoa tende a fugir da intimidade amorosa como o diabo da cruz, porque teme repetir a rejeição.

Mas, em geral, guiados por essa crença, depois de adultos temos a percepção de que só nos sentiremos efetivamente plenos, inteiros e seguros com o casamento. Uma paciente em psicoterapia, passando por crise conjugal, verbalizou: "Eu sei que sou importante para ele e ele para mim; ele apostou em mim e me fez crer que eu era a pessoa mais importante na sua vida. Foi a primeira vez que me senti de fato especial para alguém. Com minha primeira família (referindo-se à família de origem), nunca me senti de fato considerada e importante. Pensar em perder isso, que conquistei no casamento, dói muito".

Outra manifestava o seguinte: "Como vou passar o Natal e o Ano Novo sem ele? E o beijo da meia-noite? As outras pessoas com alguém, e eu... Não sei se vou suportar... Nem era tão bom, mas eu tinha alguém. Eu era a pessoa especial para ele e ele para mim nesses momentos. Como viver sem isso? Os outros vão sentir dó de mim".

Assim, mesmo brigando, mesmo infelizes, as pessoas preferem se sentir "fortemente vinculadas" por medo de vivenciar a apavorante sensação de desamparo.

E aí se mantêm reféns da mentira, mas fiéis a uma crença. A mentira é a de que estão supridas afetivamente, protegidas da solidão e do desamparo.

Estão aprisionadas, reféns em cativeiro aberto, delimitado apenas pela cortina da insegurança e do medo.

3.12.2. A Autopiedade (Projetada)

A autopiedade que abordo aqui está inserida num contexto psicodinâmico relacionado às dificuldades com a separação. É uma crença construída e trabalhada pela família de origem e pode ter sido focada em um filho específico, o que delineia uma dificuldade emocional. Nesses casos, a pessoa tende a sentir-se vitimada com certa frequência.

Na maioria das vezes, os pais não fazem isso de forma maquiavélica, mas impulsionados por um processo inconsciente, o que não diminui o efeito lesivo no campo emocional do(a) filho(a)

Quando alguém manifesta o temor de ser alvo da piedade alheia, como acabamos de ver no depoimento do tópico anterior, em que a paciente se incomodava por crer que teriam dó de sua solidão, o que valida esse receio é a autopiedade. Sim, ter dó de si mesmo muitas vezes é um sentimento antigo, que pode ter se originado ainda na infância após vivências de desamparo e carência. São experiências geralmente precoces, nas quais a criança é tratada como alguém insignificante, pouco importante, como frágil ou coitadinha, que de tão repetidas e frisadas acabam constituindo uma crença gravada na autoimagem.

Mas esse sentimento de autopiedade também pode ser transgeracional, isto é, herdado das mães, dos pais ou avós "vitimados" por desamor, rejeição, etc. Por exemplo, se a mãe foi mal-amada pelos pais, ou rejeitada por um companheiro, a filha absorve a insegurança que as relações íntimas trazem. É interessante observar aqui que essas mães que transmitem tal sentimento para as filhas podem nutrir a esperança de que o rascunho seja passado a limpo, ou melhor dizendo, que a filha resolva, ultrapasse essa dificuldade. Podem até tentar evitar passar isso para a filha, mas a criança decodifica sentimentos, inseguranças e os absorve na construção de sua identidade.

Além disso, temos ainda, no caso das mulheres, a herança cultural da mulher vitimada e sem saída, que tem base histórica real na nossa cultura e pode se somar reforçando essas construções particulares dentro da família.

Resulta disso tudo que, ao interpretar o olhar do outro como piedoso por estar separado, em processo de separação ou apenas estar só sem um companheiro, o indivíduo pode estar na verdade apenas amplificando o sentimento de dó que tem de si próprio de uma forma projetiva. Isso quer dizer que está colocando no olhar do outro o seu próprio sentimento de si mesmo (projeção), acreditando que o outro também o vê como esse ser infeliz.

Nessas situações, quando de fato há uma manifestação de dó (se não for uma projeção), se a pessoa separada nutrir a autopiedade ela inflacionará a piedade demonstrada, tornando então insuportável a sensação de fracasso, desamparo e humilhação. Explicando melhor, se alguém tem dó de si mesmo, quando se depara com um olhar piedoso externo, essa percepção de fora confirma seu próprio sentimento e pode gerar uma explosão emocional.

E é aí que fica difícil suportar, podendo gerar momentos depressivos, quando não um quadro depressivo.

Para resolver este sofrimento é necessário trabalhar a autoestima, encontrando no processo terapêutico a origem da construção da crença de autopiedade. Sabendo como algo foi construído, temos mais possibilidades de desconstrução sem detonação, porque só demolir, implodir, pode ser danoso, principalmente em se tratando de estrutura emocional.

Esse é o caminho para a resolução da autopiedade, que inclui encontrar a origem dessa crença na infância, em possíveis vivências traumáticas ou na herança transgeracional e cultural. Com certeza, o resultado será libertador. Enquanto isso não se resolver, a separação gerará sofrimento emocional.

3.12.3. O Preconceito Diante da Separação

Não podemos negar a existência, em nossa cultura, de pensamentos preconceituosos que caracterizam o indivíduo separado, ou que não se casou, como fracassado e infeliz.

Pessoas limitadas na sua capacidade de análise, que se norteiam por preconceitos (pois é mais fácil que refletir), poderão ter de fato um olhar piedoso diante de quem está sem um companheiro. E um preconceito nada mais é além de uma crença cultural, familiar ou até individual com definição fechada, um pré-conceito.

Estamos, portanto, diante de uma crença cultural de que o indivíduo separado fracassou no projeto do casamento e está à deriva, só, sem um amor para chamar de seu, inevitavelmente fadado à infelicidade.

Todos sabemos da força de um preconceito. Creio que o prezado leitor tem na memória muitos exemplos já vividos ou vistos na nossa sociedade a respeito disso. Não é diferente com o preconceito sobre a solteirice e a separação de casais. E quanto mais forte for o endosso da família em relação a esse preconceito, mais sofrido será para o indivíduo protagonizar essa vivência.

Talvez seja necessário, para quem está sendo visto como digno de piedade ou discriminado após uma separação, utilizar critérios seletivos, um filtro interno, para não validar e, logo, poder rechaçar essa avaliação depreciativa.

Ultrapassar tal preconceito também exigirá uma autoestima trabalhada, para que se tenha condições de refletir sobre o próprio preconceito internalizado, modificando-o e recusando assim a autenticação dessas visões estereotipadas de pessoas limitadas.

3.12.4 A Fotografia da Felicidade

Temos ainda um outro aspecto a ser considerado sobre essa questão da importância do olhar do outro. Trata-se da ilusão de felicidade propiciada pela admiração ou aprovação das outras pessoas, que também se constituiu como uma crença da nossa cultura contemporânea. Estou me referindo à necessidade emocional/social de aparentar felicidade, que tende a ignorar a diferença entre *ser* feliz e *parecer* feliz.

Essa crença de que precisamos aparentar felicidade é extremamente forte no contemporâneo. Claro que a necessidade de obter aprovação não é um fenômeno da atualidade, mas com a diminuição da privacidade individual e a crescente e constante divulgação de imagens da vida particular de cada um acarretada pela popularização das redes sociais, a necessidade de mostrar uma vida plena e alegre passou a dominar a cena e não ter o olhar positivo e a aprovação da plateia social pode gerar a quebra da ilusão de felicidade.

Transportando isso especificamente para o tema casamento e separação, o que predomina é a crença de que, se estamos com um companheiro, seremos vistos como pessoas felizes, ao passo que se estamos separados ou não nos ligamos a um parceiro seremos vistos como infelizes. Então precisamos divulgar nosso enlace amoroso, fazer propaganda da nossa realização conjugal, para que os outros nos vejam como indivíduos felizes e bem-sucedidos.

O pior dessa história é que, muitas vezes, nós mesmos internalizamos a crença do casamento como indicativo de realização, dando a ela o poder de determinar nosso bem ou mal-estar. Em decorrência disso, temos a tendência de nos sentirmos muito bem por "parecermos felizes e competentes", mantendo a relação conjugal e familiar; e de nos sentirmos muito mal se "parecermos infelizes e incompetentes" por estarmos solteiros ou com a relação conjugal desfeita em um momento de cisão familiar.

Portanto, essa questão vai além de só querermos aplausos, afetando diretamente nossos sentimentos.

Dito de outra forma, teremos segurança se nos apresentarmos casados, e ficaremos inseguros se nos flagrarem solteiros, porque temos consciência da predominância dessa crença que valoriza o casamento e, ao internalizá-la, nos tornamos muito suscetíveis à avaliação externa e à aprovação social.

Por outro lado, temos a fotografia da infelicidade. Sim, estou me referindo ao receio da invisibilidade social que nos faz expor a infelicidade, pois precisamos ser notados, reconhecidos pelos demais, ou nos sentiremos invisíveis, como se não existíssemos para os outros, quase como uma morte social.

Assim, mais forte do que o receio de nos percebermos pouco importantes ou incompetentes (portanto insignificantes, pequenos demais) é o temor da invisibilidade, o que explica muitas pessoas postarem a fotografia da infelicidade em depoimentos deprimidos nas redes sociais. Para esses indivíduos, é mais suportável a piedade alheia (que vem com um desejo oculto de pedido de proteção) do que ser ignorado.

Esse temor da invisibilidade ou da percepção externa de infelicidade, em geral tende a ser vivenciado como algo intolerável. E, tão mais doloroso será quanto mais formos dependentes da opinião que os outros têm de nós. Assim, um indivíduo muito inseguro, que se enxerga e se avalia sempre através do olhar do outro, sofrerá incrivelmente mais diante da ideia de que é ignorado ou de ser visto como alguém incompetente, desamparado e digno de dó, do que alguém mais seguro e independente.

Portanto, como o grau de vulnerabilidade e de dependência da aprovação externa varia de indivíduo para indivíduo, pois está ligado ao desenvolvimento afetivo-emocional de cada um, uma ajuda psicoterápica pode ser bem-vinda ou mesmo necessária em alguns casos (como veremos melhor adiante).

Ressalto aqui que, de uma forma geral, no funcionamento emocional humano(independentemente do grau interno de segurança e autonomia), tendemos a precisar do testemunho do outro para confirmar ou autenticar nossas conquistas, nossas vivências prazerosas (o que hoje em dia chamamos de reconhecimento). Dessa forma, quando postamos a felicidade nas *selfies*, a resposta do outro valida nosso bem-estar através do reconhecimento de que somos felizes. Por mais que o prazer seja individual, necessitamos divulgá-lo para que ganhe vida. As conquistas ocultas parecem desvitalizadas.

Interpreto esta fotografia da felicidade como o endereço da ilusão de felicidade proposto pela nossa sociedade de consumo, na qual se você tem o objeto de desejo e o divulga, ou se você aparenta estar muito bem, formatado pela maquiagem vendida como realização, então você é feliz. Assim, uma mulher pode parecer muito segura e feliz estando bem vestida e com uma bolsa de grife, por exemplo. Pode ser que essa bolsa seja falsificada e pouco funcional no uso, mas isso não importa, ela parece cara e serve ao seu propósito de impactar positivamente a percepção alheia.

Transportando essa dinâmica para o nosso tema, ter um casamento e ostentá-lo configura uma situação desse mesmo naipe, na medida em que não importa a qualidade do dito casamento, mas sim fazer com que os outros acreditem que se tem uma linda união feliz. Para tanto, precisamos escolher sempre o melhor ângulo ao divulgar nosso vínculo, assim como numa *selfie*, selecionamos cuidadosamente a melhor foto, mostrando o lado que mais nos favorece.

Frente ao exposto, acredito que fica fácil entender o quanto a separação pode prejudicar essa propaganda da felicidade, tão cultuada atualmente. Daí decorre que evitar a separação permite manter a propaganda enganosa da felicidade, não precisando lidar com a desqualificação social.

3.12.5. A Perda de Status

Eis outra faceta do casamento entendido como uma conquista carregada de forte aprovação social. Só que aqui essa conquista representa uma espécie de promoção na história de vida do indivíduo, que leva à mudança de *status*. Sim, *status* de solteiro para o de casado.

Na sociedade contemporânea, a indústria de festas de casamento obtém altos lucros, porque os noivos que tem condição financeira favorecida buscam comemorações elaboradas e custosas. Mas, mesmo os que não podem bancar uma grande festa, procuram registrar de alguma forma esse momento grandioso (é recente na nossa cultura os pares que optam por simplesmente morar juntos, sem comemoração e divulgação do enlace, e eles não costumam ter muito reconhecimento de mudança de *status*). Assim, esse ritual de passagem de solteiro para casado é muito importante culturalmente falando, por isso precisa ser comemorado e divulgado. Inclui então a comunicação do enlace para todos os conhecidos, que em geral manifestam sua aprovação através de presentes, cumprimentos calorosos e emocionados e até mesmo aplausos.

Afinal, trata se de um *upgrade*, da consolidação reconhecida por todos como um ganho de *status* social: o *status* de casado. Por isso, a separação, numa visão bem simplista, porém frequente, é vista como uma perda de *status*.

Precisamos abordar aqui a vaidade. Sim, porque a vaidade pode ser seriamente atingida num processo de separação, já que não é incomum a crença de que ao terminarmos um relacionamento amoroso perderemos a admiração, o respeito e até a "inveja" que os outros tinham de nós, ou pelo menos que acreditávamos que tinham.

Essa ferida na vaidade incrementa a noção de perda de *status*, porque a separação pode ser caracterizada como um retrocesso, fracasso, não manutenção de uma conquista que gerava admiração. Então, se acreditávamos que antes éramos vistos como alguém interessante, capaz de "segurar o relacionamento", portanto com atributos atraentes e com a garantia de uma velhice aconchegada e cuidada, podemos concluir que passaremos a ser vistos, após a separação, como alguém que não conseguiu manter este vínculo, portanto desinteressante, incapaz e frágil. E que agora está só, logo sem atributos atraentes, e fadado à solidão.

Que vaidade resiste a uma imagem dessas? Como fica a autoestima?

Evidentemente, essa imagem de incompetência e abandono é inflacionada tanto pelos preconceitos já citados quanto por uma visão turvada pela vivência depressiva. Quero com isso dizer que, além da pressão da crença cultural, existem as dificuldades individuais, muitas vezes com comprometimento emocional mais sério.

Contudo, tanto a construção cultural quanto as dificuldades emocionais subjetivas podem ser trabalhadas e modificadas positivamente. Pude comprovar tal mudança em muitas separações que acompanhei, testemunhando a alteração dessa autoimagem quando a elaboração do processo permitiu uma visão mais nítida, realista, não preconceituosa e não depressiva.

Mas antes de chegar a essa elaboração, o que normalmente ocorre é que o indivíduo, ao antever o arranhão que sofrerá na vaidade e enxergando essa mudança como perda de *status*, tende a postergar ou mesmo desistir de encarar um processo de separação. Ou, quando já separado, vivencia essa "perda de *status*" com muito sofrimento.

3.12.6. Decisão que Não se Concretiza

Em função de todas essas resistências, medos e crenças que acabamos de ver, ocorre frequentemente uma repetição de padrão comportamental que resulta em decidir se separar e então recuar, reconciliando-se. Algumas vezes pode ser um mero blefe e, em outras, uma decisão sincera, que não se consegue manter e, portanto, não é efetivada. O "não ata nem desata" está configurado.

Observei em vários atendimentos em psicoterapia que, após um certo período dessa patinação na crise, iniciou-se uma adaptação, quase uma anestesia, que parecia amenizar a crise (que persiste, mas agora camuflada).

Então cessam os conflitos, que são substituídos por um conformismo, quase como se a pessoa perdesse a sensibilidade ao que a incomodava tanto. Embora não se sinta feliz, a certeza de que as perdas serão evitadas e que não será preciso lidar com o desconhecido parece reconfortante nessa fase. O desejo de separação não desaparece totalmente, mas é arquivado, como se fosse guardado num cofre particular. Quem sabe um dia...

Em outros casos mais surpreendentes, a crise se perpetua com toda sua intensidade original, isto é, com animosidade a todo volume. Considero surpreendente a capacidade, se é que posso definir assim, desses casais de suportar por tanto tempo um relacionamento com esse clima tão tenso, com tantas agressões e desqualificações e pautado pelo desafeto. Alguns casos chegam assustadoramente à beira da tragédia e, mesmo assim, o casamento resiste. Apesar de várias vezes ficar claro o prognóstico ruim e perigoso da crise, o casal não consegue tomar uma decisão.

É comum os filhos adoecerem nessa fase de crise crônica do casamento de seus pais e serem encaminhados para médicos ou psicólogos. Mas há casos em que mesmo essa constatação do prejuízo causado aos próprios filhos não leva o casal à melhoria do relacionamento, nem à concretização da separação.

Temos ainda a possibilidade de que o processo se dirija para a preservação do relacionamento, com o término da crise ou com alguma forma de atenuação.

Nesses casos, diferentemente do que tratamos acima, continuamos acreditando no amparo (seja ele de que tipo for) propiciado pelo par amoroso ou conjugal e apostamos na manutenção ou até na recuperação de um vínculo funcional e satisfatório no casamento.

4. Quando o Processo se Dirige para a Manutenção do Casamento

Numa separação didática, temos basicamente três tipos de manutenção de casamento pós-crise.

Sobre o primeiro já vimos bastante até aqui, quando explanei sobre as resistências a terminar o casamento e a respeito da não concretização da separação. É quando não ata nem desata e a relação disfuncional se torna crônica.

O segundo se refere a crises passageiras, reativas às vivências traumáticas.

E o terceiro ocorre quando a crise, embora difícil, se resolve com a reconfiguração do casamento, num processo extremamente complexo, em geral acompanhado de um trabalho psicoterapêutico (Ufa! O prezado leitor há de concordar que parece um alívio abordar esses casos em que a crise mesmo com luta, é superada a contento).

4.1 Manutenção do Vínculo Disfuncional

O primeiro tipo, portanto, caracteriza-se pela manutenção do casamento de casais disfuncionais, optando-se pela continuidade do vínculo neurótico, perpetuando-se o sofrimento inerente a essa escolha ou recorrendo-se a mecanismos de defesa para aliviar a dor, como uma espécie de anestesia ou distanciamento.

São casais que podem continuar vivendo juntos, apesar de separados sexualmente, por exemplo. Ou casais que continuam a se agredir, intercalando guerra e trégua com velocidade e frequência espantosas aos olhos de amigos e parentes, ou então em segredo, compartilhando a crise somente com os filhos, que se tornam testemunhas impotentes desse inferno domiciliar.

De fato, é impressionante para os familiares, amigos e inclusive para o psicoterapeuta o modo como esses casais conseguem viver nutrindo vínculos tão negativos.

4.2. Superação de Crise Passageira

O segundo tipo de manutenção do vínculo ocorre quando o casal vivencia uma crise passageira. Mas o vínculo, nesse caso, é saudável, o afeto está preservado e o respeito tende a se manter.

Crises assim podem ser desencadeadas por um fator externo traumático, como a perda de um emprego, a morte de algum ente importante na família, nascimento de filhos e as adaptações decorrentes, problemas com filhos, problemas de adaptação com a família de origem, mudanças significativas, de país por exemplo.

Também podem ser fatores internos ao casamento os responsáveis por desentendimentos que caminham para a resolução. No entanto, pude observar que nesses casos é mais difícil que se configure uma crise passageira. Estou me referindo a quebras de contrato, como infidelidade ou um impasse de difícil consenso sobre alguma questão, como, por exemplo, uma mãe idosa e doente que um dos dois queira que more com o casal.

Embora essas dificuldades comumente provoquem uma crise prolongada no casamento, em casais com uma estrutura bastante funcional (com muito respeito e uma sólida base afetiva) elas podem caracterizar recortes difíceis no relacionamento, mas que são superados com relativa brevidade.

Trata-se, portanto, de uma relação conjugal que vinha se desenvolvendo bem, na qual os dois parceiros se sentiam satisfeitos e a crise afeta apenas temporariamente o relacionamento.

Em relação à saúde do vínculo do casal, esses são processos menos graves e em geral de fácil solução, mas, é claro, não significa que se deve menosprezar a complexidade de qualquer relação de casamento. O que quero dizer é que, comparando o grau de sofrimento e dificuldade inerente a uma relação disfuncional em que o vínculo é ruim e gerador de infelicidade com as dificuldades vividas numa crise de casamento, que se trata tão-somente de um recorte num vínculo funcional e positivo, fica evidente que a primeira envolve uma dificuldade bem maior de resolução ou desfecho.

Nesses casos em que o vínculo é saudável, pude observar através da experiência clínica que a psicoterapia de casal costuma ser bastante eficiente e breve (e por vezes nem necessária), na medida em que existe, digamos assim, matéria-prima de qualidade para ser trabalhada e recuperada. Inclusive porque não são vínculos patológicos e a disponibilidade do casal para o trabalho psicoterápico costuma ser grande.

O mesmo não ocorre com casais disfuncionais, que chegam a recorrer a mais de um tipo de psicoterapia, acumulando experiências desgastantes e frustrantes em consultórios de terapeutas. Ouso dizer que, muitas vezes, a frustração atinge até mesmo o terapeuta (especialmente pela pouca disponibilidade desses casais disfuncionais, que, às vezes, além de não colaborarem com a psicoterapia, ainda boicotam, claro que quase sempre de forma inconsciente, o trabalho em curso).

4.3. Elaboração e Recuperação do Vínculo Disfuncional

O terceiro tipo de manutenção do casamento é o de casais disfuncionais que, após vivência de uma crise séria, conseguem transformar as dificuldades em crescimento por meio de mudanças significativas que conduzem à recuperação de satisfação, harmonia e afeto no relacionamento.

Como já apontei, essa mudança geralmente precisa ser facilitada por um processo de psicoterapia, mas é importante salientar aqui que não só a psicoterapia pode levar à resolução da crise. Outras vivências podem ser impactantes e transformadoras, propiciando a evolução. Poderia exemplificar com experiências religiosas; mudanças extremas, como de país por exemplo, o que gera um apoio mútuo e vínculo de confiança; experiências fortes de perda, como a morte de alguém muito significativo, o que obriga uma reelaboração de dificuldades profundas, que estavam projetadas no cônjuge; enfim, não só a psicoterapia tem o poder de cura.

Não me proponho a aprofundar esse tema da manutenção do casamento pós-crise nos dois últimos tipos que citei acima (superação de crise passageira e elaboração do vínculo disfuncional), porque não é esse o objeto de reflexão deste livro. Todavia, achei por bem citá-los para que o leitor tenha uma visão mais abrangente de todas as possibilidades envolvidas numa crise de casamento.

Lembrando que, em relação ao primeiro tipo de manutenção (do casamento disfuncional), já abordei uma parte importante no capítulo "Resistências que impedem a evolução", já que esse tópico faz parte de nosso foco neste livro.

5. Concretização da Separação e a Participação do Advogado

Voltamos agora a abordar o momento em que a ilusão do amparo propiciado pelo casamento se desfaz, quando se encara a relação falida sem "tapar o sol com a peneira". O momento em que aquela decisão de se separar tomada mil vezes e nunca concretizada passa a ser pragmatizada.

Trata-se da etapa em que todas as já citadas resistências foram vencidas e se concluiu e aceitou que o casamento acabou, sendo necessário efetuar a separação concreta, ou seja, da casa, dos bens, dos filhos, do cachorro...

Em geral, nessa etapa, busca-se a oficialização do rompimento por intermédio de um advogado. Com base nos acompanhamentos que fiz de casais em processo de separação, afirmo que é importante a busca desse profissional, porque os bens concretos, o patrimônio e a guarda dos filhos costumam entrar em cena como elementos de barganha, argumentos de chantagem emocional ou como instrumentos para deixar o outro endividado. Esse uso manipulativo (ainda que muitas vezes inconsciente) do que pertence aos dois dificulta extremamente a separação.

Portanto, recorrer a um advogado para auxiliar na administração da partilha dos bens e da guarda dos filhos de forma justa e objetiva pode ser um facilitador.

Claro que não é fácil esse trabalho do advogado, porque, na maioria dos casos, o pedido de separação parte de um dos cônjuges, independentemente do desejo do outro. E então pode ser complicado conseguir uma separação consensual, ou amigável, que evidentemente seria a melhor forma.

Creio que seja bastante conhecido o drama em que pode se transformar uma separação litigiosa. Não quero dizer que esse tipo de separação não deva ser acionado, até porque dependendo do caso é a única possibilidade de sair de uma relação, o que por si só já é uma forma de tragédia. O que acredito é que, havendo chance, deve-se trabalhar para conseguir uma separação amigável.

Um advogado e um terapeuta competentes podem trabalhar juntos para auxiliar nessa etapa, se necessário.

Trabalhos de mediação (em que advogado e psicólogo desenvolvem um trabalho conjunto) são cada vez mais conhecidos e utilizados, às vezes desempenhando um papel extremamente importante nessa etapa, conseguindo estabelecer um consenso que destrave e desenvolva a separação (com partilha de bens e resolução da guarda dos filhos) da melhor forma possível, levando o desenlace a bom termo, sem a intervenção do poder judiciário. É uma questão de administrar os conflitos e as perdas para chegar ao melhor resultado dentro do possível, considerando que não existe separação sem perdas.

Pude observar que é extremamente comum, nessa fase da decisão e concretização da separação, que predomine uma urgência em resolver tudo e se livrar dessa situação incômoda. Essa estratégia de ocupação é bastante conhecida e consiste em focar na parte prática da separação, ou seja, advogado, juiz, partilha, resolver pendências, comprar, mudar de mobília, de casa, de carro, de curso, de atividadedes, como forma de manter a cabeça ocupada e não pensar, não entrar em contato com sentimentos difíceis.

Importante salientar, no entanto, que essa urgência em desenrolar as resoluções pode resultar em atropelos e decisões equivocadas. Já dizia minha avó que "a pressa é inimiga da perfeição". E a pressa em resolver a separação motivada pela anestesia da ocupação pode postergar a separação emocional do casal, já que para isso é necessário sair da anestesia, encarar as perdas e efetuar as elaborações mentais necessárias.

Mas também há alguns casos em que a pressa em concluir a separação ocorre quando o cônjuge que recebeu o pedido reage agressivamente, tornando-se desagradável e ameaçador, o que desencadeia, no que solicitou a separação, uma grande urgência em resolver o processo e se afastar do outro.

Nessas, e em várias outras situações, enfatizo a importância da atuação de um advogado também para garantir proteção e justiça (dado o conhecimento que esse profissional possui sobre direitos, deveres e medidas protetivas).

Sempre que possível, o ideal é que o processo se desenvolva através da mediação conjunta, com a participação de um psicólogo, almejando uma separação amigável. No entanto, em algumas separações, é necessária a intervenção do poder judiciário e é preciso estar atento a isso.

Infelizmente, alguns casos podem ganhar contornos trágicos quando o nível de frustração acumulado irrompe em comportamentos agressivos e destrutivos. São situações em que os advogados devem intermediar e utilizar recursos legais, que funcionam também como medidas protetivas.

Ainda sobre a pressa em concretizar a separação, mesmo quando a reação daquele que foi notificado da separação é depressiva, o outro que pediu o rompimento em geral reage com fobia, buscando agilizar os trâmites do processo para fugir do sentimento de culpa. O que predomina nesse cenário é a ansiedade e não a tristeza e o sentimento de perda. Estes últimos sentimentos poderão vir à tona posteriormente, como veremos adiante.

A urgência em resolver o processo de separação, por parte daquele que solicitou o rompimento, decorre, normalmente, do desejo de se livrar do desconforto da transição desagradável e da necessidade de não ter mais contato com as reações do(a) parceiro(a), sejam essas agressivas ou depressivas.

Resumindo, essas reações desencadeiam ou sentimentos de culpa ao se deparar com a tristeza e angústia do outro ou de medo e/ou raiva da agressividade e ameaças do cônjuge.

Em todos os casos, trata-se de mera postergação da elaboração dos ditos sentimentos. Posteriormente, essas questões emocionais retornarão à cena psíquica exigindo atenção. Mesmo assim, ouso afirmar, pelo acompanhamento de meus pacientes nessas experiências, que a postergação alivia o indivíduo nessa fase tão difícil e quando chega o momento em que é inevitável reelaborar tudo isso, o furacão já amainou tornando mais fácil e menos sofrido lidar com essa carga emocional tão pesada.

A partir do exposto acima, procurei elucidar como é difícil, pesada e complexa a concretização da separação e como é importante que seja uma separação assistida e bem trabalhada profissionalmente, para facilitar as fases que se sucedem a essa efetivação da separação concreta.

6. Separação Emocional

Já sabemos que a concretização formal do término do casamento não é o final do processo de separação. Como adiantei acima, chegará o momento em que o conteúdo emocional não resolvido vai cobrar seu espaço e voltar à cena, exigindo atenção e elaboração.

Será necessário que ocorra essa elaboração para que haja um final feliz, definido aqui como resolução individual das pendências emocionais, que trará o ganho da tranquilidade e a retomada da realização, num novo formato de vida.

Constatei, em muitos pacientes recém-separados, uma enorme frustração em relação à expectativa do fim do sofrimento com a concretização da separação. As pessoas relatavam que esperavam (após decidir se separar) sentir um alívio imediato após a ruptura, na medida em que, estando livres do outro, não vivenciavam mais as brigas nem as hostilidades (ou pelo menos podiam evitá-las, já que não moravam mais na mesma casa). No entanto, percebiam que estavam insatisfeitas, às vezes deprimidas ou até pensando muito no outro. E diziam inconformadas: "Como assim? Por que não me sinto livre, aliviada? Está muito difícil". É assim mesmo! Embora difíceis, esses sentimentos entram no cenário em algum momento, como canta a letra da canção a seguir, sem pedir permissão e não é possível ignorá--los.

> Depois de sonhar tantos anos
> De fazer tantos planos
> De um futuro pra nós
> Depois de tantos desenganos
> Nós nos abandonamos como tantos casais
> [...]
>
> Depois de varar madrugada
> Esperando por nada
> De arrastar-me no chão
> Em vão
> Tu viraste-me as costas
> Não me deu as respostas
> Que eu preciso escutar
> [...]
>
> Nós dois
> Já tivemos momentos
> Mas passou nosso tempo
> Não podemos negar
> Foi bom
> Nós fizemos história
> Pra ficar na memória
> E nos acompanhar
> Quero que você viva sem mim
> Eu vou conseguir também

Depois de aceitarmos os fatos
[...]

Antonio Carlos Santos de Freitas,
Arnaldo Augusto Nora Antunes Filho,
Marisa de Azevedo Monte, Depois.[5]

6.1. O Que é a Separação Emocional?

Quando a separação se concretiza, em geral depois de um longo e doloroso processo, começa então outro período, não necessariamente mais fácil: o da separação emocional. Trata-se de uma fase de elaboração do luto, que pode ser vivenciado de diversas formas, dependendo das características de personalidade dos parceiros envolvidos.

Para alguns, a princípio até pode predominar o alívio, mas será só um adiamento porque o luto enrustido cobrará posteriormente sua elaboração, podendo ser ainda uma vivência pesada.

Para outras pessoas, o luto vem tão diluído e sutil que o sofrimento fica leve, quase como se fosse sentido em doses homeopáticas (eu diria que são raras as pessoas que assim vivenciam o processo).

Temos ainda outros indivíduos em que a fase inicial pós-separação é vivenciada com muita angústia e sentimentos depressivos e/ou raiva, que vão diminuindo lentamente à medida que ocorre a elaboração emocional.

Para este último grupo, o final do relacionamento provavelmente foi carregado de ansiedade, raiva e angústia, que foram sendo gradativamente dominadas pela vivência depressiva. Esses sentimentos iniciais que incluíam muita ansiedade e raiva, apesar de desgastantes, mantinham o indivíduo "ocupado", lutando; ao passo que, após a se-

---

[5] FREITAS, Antonio Carlos de Freitas; FILHO, Arnaldo Augusto Nora Antunes; MONTE, Marisa de Azevedo. Depois. In: *O que você quer saber de verdade*: EMI, 2011. 1 CD. Faixa 3.

paração, ocorre uma espécie de vácuo, de esvaziamento de objetivos quando a pessoa conclui que o casamento acabou mesmo, que não adianta mais resistir, que nenhuma estratégia recuperará o vínculo e que a ruptura não está produzindo alívio.

Essa sensação de vazio, pelo que tenho observado na clínica, costuma ser o gatilho desencadeador dos sentimentos depressivos. Para que esses indivíduos alcancem a serenidade e superem essa fase, será preciso encontrar outros objetivos e formas mais saudáveis de se ocupar, além dos conflitos, desgastes e angústias do relacionamento falido (que era o que predominava antes).

Um paciente que reagiu depressivamente à ruptura do vínculo, assim que começou a sair de uma profunda tristeza, relatou: "É estranho. Parece que fico oscilando... Tenho um medo terrível de ficar só, sem uma ligação afetiva, alguém para mim... Mas vem também uma sensação de alívio porque não me desgasto mais, não tenho que aguentar aquilo".

Tenho constatado nos meus atendimentos que os homens tendem a se anestesiar com maior frequência após a separação, sendo comum o uso de álcool e drogas, compulsões de uma forma geral, inclusive sexual e alimentar. Também parece fazer mais parte do perfil masculino as reações agressivas contra a parceira. Embora algumas mulheres também recorram tanto às drogas quanto a projetos vingativos, às vezes de grande porte.

Pude observar ainda que alguns casais, recém-separados, tentando driblar esta fase difícil da separação emocional, negam por um tempo a separação afetiva com uma proposta de se livrarem da parte ruim da relação e ficarem com a boa, sem sofrimento. Assim, resolvem tentar manter uma espécie de namoro pós-separação. Infelizmente, isso costuma durar pouco tempo, porque, como o relacionamento já era ruim, os conflitos não tardam a surgir, detonando esse projeto que parecia tão ideal.

Independentemente da forma como cada indivíduo vivencia e administra emocionalmente esse período pós-separação, é fundamental que

ocorra uma elaboração que permita o desligamento emocional do ex-
-cônjuge. Isso porque a concretização da separação formal não necessariamente conduz a uma liberação do indivíduo para uma nova vida.

Esse período de des-envolvimento emocional pode ser demorado.
Nos casos que tive a oportunidade de acompanhar, duraram em média de um a dois anos.

Infelizmente, algumas pessoas não alcançam a separação emocional e vivem reféns pelo resto da vida de um casamento que não
existe mais. Essas pessoas costumam ser amargas, ressentidas (ou
desenvolvem alguma patologia crônica) e se ocupam mentalmente
de lembranças de situações dolorosas não resolvidas no mundo psí-
quico. Isso quando não se ocupam, de fato, de infernizar a vida do
ex-cônjuge para sempre.

Daria por concluída a separação emocional, se é que se pode chamar de conclusão, quando a pessoa já não se ocupa mentalmente das
demandas do ex-cônjuge, já não sofre nem se estressa com sua ausência, já não precisa se anestesiar com ocupações ou com compulsões
para não pensar.

Quero lembrar o leitor do paralelo traçado anteriormente entre
o vício de drogas e a dependência no casamento disfuncional, para
acrescentar que a separação emocional passa, necessariamente, pela
superação do vício nesse relacionamento.

6.2. Como Administrar e Suportar as Reações e Sentimentos do Ex-
-cônjuge

Ouvi certa vez uma frase que achei extremamente significativa:
"Ninguém se livra completamente de uma ex-esposa ou de um ex-
-marido".

Já abordei as posturas fóbicas frente ao parceiro quando se opta
pela separação, especialmente por parte do autor da separação

(se é que podemos entender assim, como se houvesse um "autor", porque na verdade esses processos de finalização de casamento são sempre de responsabilidade compartilhada, numa interação de tal complexidade).

Talvez seja mais adequado dizermos aquele que manifestou o desejo de se separar porque, muitas vezes, o desejo existia de forma censurada, guardada a sete chaves na cabeça do outro também. O que costumamos ouvir é: "Fui eu que pus o ponto final" ou "Foi ela quem me deu um pé na bunda" (peço desculpas pela expressão).

Estou alertando para o fato de a "autoria" da separação, não é assim tão facilmente identificável, nem pode ser atribuída apenas a um dos cônjuges. Considero importante ter essa clareza, posto que tais conclusões equivocadas colocam um dos parceiros na posição de vilão e o outro numa posição de vítima, o que costuma ser muito danoso na elaboração da separação emocional, para os dois.

Acrescentando que a pessoa que solicita a separação, em geral, o faz após inúmeras e infrutíferas tentativas de melhorar o relacionamento. Já vimos que na vivência da crise conjugal, anterior à separação, predomina o desejo de que tudo dê certo e o casamento se mantenha. Assim, quando alguém finalmente pede a separação, também traz implícito um sentimento de não ter conseguido, de desistência de salvar esse projeto de vida.

Portanto, é uma decisão sofrida e nascida da sensação de fracasso (excetuando alguns casos, como aqueles em que a decisão decorre de uma paixão fora do casamento ou de violência doméstica), quando já não se acredita na mudança positiva.

Portanto, não é justo nem correto classificar sumariamente como vilão quem solicita o final do casamento, e como vítima quem recebe o pedido.

A fase inicial da separação é um momento muito difícil que pode gerar muita ansiedade e sofrimento. Principalmente aquele que entende que foi deixado, ou seja, que não escolheu a separação, pode expressar muita raiva por se sentir abandonado, prejudicado, posicionando-se como uma vítima vingativa. Em decorrência disso, aquele que deixou a relação, ou que solicitou a separação, pode ficar vulnerável a ataques e ter dificuldade para lidar com a situação, sentindo-se culpado, ou também reagindo tomado pela raiva (em nome de seu direito à liberdade). Então está aberta a porta para novas angústias e conflitos.

Como já foi citado, às vezes o outro, frente ao pedido de separação, reage depressivamente no início, adotando uma postura de lamentação, de barganha e, em alguns casos, de súplica pela manutenção do casamento. Não é incomum alguém se humilhar, implorando que o parceiro reconsidere.

Nesses casos, o sentimento de culpa do que pediu a separação pode vir com muita intensidade. E a reação pode ser de fuga, evitando o ex-parceiro para não ter mais contato com a dor e humilhação deste (porque a culpa dói), ou também pode ser o gatilho de um processo depressivo, porque além de lidar com as próprias perdas inerentes ao rompimento, precisará dar conta do sentimento de culpa, por achar que está destruindo o outro.

Em ambas as situações (do que se percebe vitimado ou mendiga amor e do que se sente culpado pelo sofrimento do outro) o atendimento psicoterápico se faz necessário. E estou me referindo à psicoterapia individual, não mais de casal, porque a demanda agora já é individualizada.

Todavia, algumas sessões de psicoterapia de casal podem ser necessárias nessa fase, quando quem está agindo de forma vitimada ou quem está fugindo envolve os filhos (conforme veremos a seguir).

Portanto, a administração dos sentimentos do ex-cônjuge relativos à separação é parte importante de uma separação emocional bem-sucedida.

6.3. Quando os Filhos são Usados nessa Batalha

Aqui existe um risco real de prejudicar crianças ou adolescentes, que podem ser envolvidos no conflito do casal por um ou pelos dois ex-cônjuges.

Esse envolvimento dos filhos costuma ocorrer numa busca de cumplicidade e apoio por conta do sofrimento solitário da separação, ou de forma manipulativa, para atingir o outro.

Algumas vezes, o filho é usado com o intuito de conseguir convencer o ex-cônjuge a retornar ao convívio familiar e, em outros casos, com o objetivo de agredir, de se vingar do ex-parceiro. Com certeza, trata-se de um comportamento extremamente imaturo, em alguns casos quase perverso e às vezes até patológico, mas infelizmente bastante comum.

Como as crianças precisam ser consideradas como patrimônio da humanidade, no sentido de serem protegidas e preservadas, acho importante destacar essa questão como parte fundamental da elaboração da separação emocional.

Em alguns casos, a posição de vítima de um dos membros do casal, acompanhada de sentimentos depressivos, mobiliza os filhos e/ou outros familiares que podem partir em defesa daquele "ser indefeso e sofredor".

Isso pode causar um sentimento de indignação no outro parceiro, que enxerga essa "tomada de partido" como injusta.

Sabemos, no território da Psicologia (também do jurídico), que nem sempre quem parece vítima é de fato a vítima.

Agora, imaginem uma criança ou um adolescente acompanhando o pai ou a mãe vitimados, sofredores. Não é de se esperar que ele saia em sua defesa? Sim, tenderá a se posicionar como um justiceiro que protege o pai ou a mãe. Também é compreensível que o outro cônjuge, percebendo-se alvo dos ataques e das acusações dos filhos (como aliados do ex) passe a se sentir rejeitado, injustiçado, excluído.

Essa complexa trama familiar configurada como ex-marido e ex--mulher, um no papel de vilão e outro no de vítima, e filhos, atuando como advogados de defesa, pode trazer prejuízos emocionais muito grandes e lesivos, principalmente para os filhos.

Não estou negando aqui a existência de situações de abuso real, em que de fato um dos cônjuges extrapola e comete agressão ou abuso de poder. Nesses casos, não se trata de uma pseudovítima como abordei há pouco, mas de uma vítima real, e é necessário buscar intervenções protetivas com apoio jurídico.

Novamente destaco a importância do advogado, que tem competência para orientar sobre as medidas protetivas.

Recentemente, vi um filme que retratava exatamente esse tipo de caso: *Custódia*, filme francês de Xavier Legrand (2017), no qual a mãe, para proteger o filho da violência do pai, pede a guarda total. No entanto, a juíza concede ao pai o direito de visita. Aí acompanhamos no decorrer do filme o sofrimento do garoto que, refém entre os pais, tenta evitar uma tragédia.

Interessante observar nesse filme que o filho tenta proteger a mãe, expondo-se à agressividade paterna, num movimento solitário e angustiante. Situações como essa, infelizmente, também ocorrem na vida real.

Seja em situações de risco real, com existência de vítimas de abusos, ou naquelas manipuladas por um dos cônjuges para ter aliados ou para atingir o outro, em ambas é preciso trabalhar a separação emocional. Para tanto, vale recorrer a auxílio profissional de psicólogos ou advogados, ou de ambos (como nos trabalhos de mediação, que já citei), de acordo com a necessidade de cada caso.

Enfim, acredito que já deu para o leitor ter uma ideia da complexidade e diversidade de reações dessa fase e da necessidade de preservação dos filhos. Eles devem ser mantidos de fora do embate, ficando apenas na posição de filhos, com seus respectivos relacionamentos com pai e mãe preservados sempre que possível.

As decisões relativas ao processo de separação também deveriam considerar sempre, em primeiro plano, as necessidades das crianças envolvidas.

O rompimento do casal, com toda sua carga de emoções pesadas, precisa, portanto, ficar restrito ao âmbito conjugal e ser elaborado e resolvido nesse território, considerando o bem-estar e os interesses dos filhos.

7. Fases, Dificuldades e Elaborações Pós-Separação

Organizando didaticamente, diria que podemos dividir o período pós-separação, quando bem-sucedido, ou seja, com uma elaboração emocional efetiva, basicamente em duas etapas:

Na primeira, sofre-se pelas perdas, rejeições e inseguranças do presente, que têm raízes no passado, como já vimos anteriormente. E a dor vivenciada costuma ser imensa.

Na segunda, ocorre um movimento de crescimento, amadurecimento, incluindo a desassociação das carências e inseguranças com a separação, com consequente diminuição do sofrimento e, claro, aumento da segurança, bem-estar e capacidade de relacionamento.

Esta divisão tem objetivo puramente didático, porque, na vivência, o que ocorre é uma mescla das duas fases, um ir adiante e um retroceder, alternando os diferentes momentos do processo de separação de casais.

Também pude observar em alguns indivíduos, após a separação, uma extensão da estratégia de ocupação já abordada no tópico sobre concretização da separação (quando a pessoa, logo após a ruptura, concentra-se tanto em resolver as pendências que a mudança impôs, como compras ou arrumações decorrentes da partilha, que quase não parece haver sofrimento ou consciência da perda). O indivíduo passa então a utilizar-se por um tempo mais prolongado dessa estratégia para não pensar, não sofrer ou para não sucumbir à tentação de procurar o(a) ex-companheiro(a).

Também preciso destacar aqui os raros casos de separação "quase sem sofrimento", em que um dos dois ou até mesmo os dois parceiros conjugais relatam muito mais uma sensação de alívio do que de dor e dificuldade.

A análise desses casais mostra que, para alguns, o vínculo não estava de fato construído, ou melhor, consolidado, predominando o distanciamento emocional. Com outros casais, um dos cônjuges tem um relacionamento amoroso paralelo e já não está tão envolvido no casamento. Neste último cenário, não existe dor de perda amorosa (a maior dor é de quem será deixado). Aqui não se trata da negação da perda, e sim da sua quase inexistência.

Mas temos ainda uma terceira possibilidade desses casos de separação em que parece não haver dor e sentimento de perda. Refiro-me a casamentos em que o processo de separação emocional já vinha sendo vivenciado há muito tempo pelo casal, de forma que, quando decidem se separar, a elaboração da perda e dos ganhos com a ruptura já se processou. Isso significa que a dor já foi elaborada e superada anteriormente, ao longo do processo de crise. Assim, a separação acontece como um fechamento, um ponto final apenas. Entendo, pela minha experiência, que casais com esse tipo de elaboração são bastante incomuns.

Também não podemos desconsiderar as diferenças de personalidade e as experiências anteriores de cada indivíduo, que obviamente tornam cada vivência única. Nesse aspecto, já introduzi anteriormente a informação de que as vivências infantis influenciam o modo como cada um encara e lida com a perda.

Assim, traumas e rejeições anteriores podem dificultar a elaboração da separação. Também é determinante, no grau de dificuldade enfrentada na superação do sofrimento, a imagem que cada um tem de si, a forma como internalizou as vivências na construção de sua identidade.

Sabemos, então, que a mescla das fases e as diferenças individuais modelam cada fase e diferenciam o tempo que o indivíduo leva para elaborar cada vivência.

Preciso destacar ainda uma possibilidade prognóstica ruim que não é tão rara: aqueles casos em que não se processa a recuperação emocional e, muitas vezes, nem de reestruturação positiva de vida no geral. Instala-se, então, um funcionamento neurótico vitimado pós-separação, impedindo o crescimento e a libertação do sofrimento.

Não me deterei na análise desses casos, mas gostaria de acrescentar que eles frequentemente demandam, além de um atendimento psicoterápico individual, uma avaliação e, às vezes, tratamento psiquiátrico paralelo, em função do patológico envolvido, sendo comum o desenvolvimento de quadros de depressão profunda, que podem exigir uso de medicação no tratamento.

Tendo esclarecido essas vivências de separações com dinâmicas processuais diferentes ou menos frequentes, abordarei agora as duas fases pós-separação, pensando no que é predominante em cada uma delas e no que me pareceu semelhante nas vivências individuais que tive a oportunidade de acompanhar no meu trabalho clínico.

A seguir, separarei de forma didática os sentimentos recorrentes em toda a vivência, as duas fases citadas e as formas de facilitar a elaboração no processo emocional pós-separação. Com o intuito de facilitar a compreensão do prezado leitor, abordarei as formas de elaboração da separação entre a primeira e a segunda fase.

7.1 Sentimentos Recorrentes

Pude observar, no acompanhamento de pacientes em psicoterapia após uma separação, que alguns sentimentos e emoções são semelhantes e se repetem em pessoas diferentes. Além disso, são recorrentes tanto na fase inicial da elaboração da separação quanto na posterior, quando já se caminhou bastante no processo de recuperação.

É como se, durante a elaboração da ruptura do casamento, o indivíduo oscilasse entre melhora e recaída. E é nos momentos de recaída que surgem os pensamentos e as emoções que veremos agora, com base em alguns depoimentos de pacientes. Procurarei incluir uma breve análise desses depoimentos para clarear e ressaltar a ideia principal contida nos diversos recortes ilustrativos de sessões de psicoterapia aqui apresentados.

Como já expus anteriormente, algumas falas e expressões foram modificadas e os relatos de diferentes pessoas, mesclados, para preservar a identidade dos pacientes.

7.1.1.Pessimismo e Raiva

"Nosso casamento parecia tão sólido, um vínculo quase indestrutível. Você fazia parte inerente da minha vida. Acho que você foi muito negligente e houve muito empenho de sua parte para conseguir que eu me separasse. Que raiva! Por que você fez isso? E todo aquele amor? Não íamos envelhecer juntos?"

"Sinto-me sem perspectivas de relacionamento amoroso. É como se estivesse com data de validade vencida."

"Eu refleti e concluí que é quase impossível ter um novo relacionamento, porque os avulsos [referindo-se aos solteiros] são muito complicados, são os que não deram certo numa relação, e os melhores continuam casados. Vou ficar só para sempre."

De início já podemos identificar na verbalização desses pacientes a forte revolta pela constatação do rompimento do contrato de casamento, daquele contrato não escrito e nem tão explicito verbalmente na maior parte dos casos, que abordei no início do livro.

Vale acrescentar que esse contrato tem partes bastante formais, como nos religiosos, por exemplo: "até que a morte nos separe", "o que Deus uniu, o homem não separa", declarações presentes no ritual de casamento na igreja católica que corroboram o contrato subjetivo.

Continuando a análise das falas acima, quando concluímos que um contrato não foi cumprido, a nossa primeira emoção costuma ser mesmo a raiva, a indignação.

Prosseguindo, sobre o pessimismo fica fácil compreender que, quando se lida com a perda de alguma construção na vida, esse desmoronamento pode remeter a princípio ou, em alguns casos, para sempre, ao medo de nunca mais conseguir reconstruir, de não ter forças ou recursos suficientes para essa reconstrução ou mudança. Por isso a fala de que vão ficar sós para sempre é bastante recorrente entre os descasados, ou então a de que iniciar um novo relacionamento é extremamente difícil e trabalhoso. E desqualificar os solteiros ("avulsos") faz parte desse descrédito.

7.1.2. Fracasso

"Como assim? Eu já havia ultrapassado essa fase difícil de procurar uma pessoa para mim. Minha vida estava resolvida. Não é este o meu lugar. Sinto-me como naquele jogo em que você joga um dadinho e o número o faz chegar numa casa com a mensagem que ordena que você volte ao início do jogo, atrás de todo mundo. E eu já havia caminhado tanto, conquistado tanto. Não é este o meu lugar! Se for assim, então quero jogar outro jogo. Será que tem outro jogo mais justo?"

Vimos na primeira parte deste livro, na seção sobre significado emocional, que o casamento é entendido como uma meta de vida a ser alcançada. Vimos também que propicia segurança por ser visto como um porto seguro, garantido para todo e sempre. Logo, é fácil entender o depoimento acima que expõe a extrema frustração diante da perda do *status* de casado, que havia sido conquistado e parecia tão garantido para sempre, gerando então uma sensação de retrocesso, de derrota.

Lembrando o que já foi abordado sobre a visão cultural, que associa o término do casamento a uma incompetência do indivíduo para mantê-lo, caracterizando a ruptura como um fracasso.

7.1.3. Temor da Solidão

"É impossível ser feliz sozinho", já dizia Tom Jobim na canção "Wave", reforçando uma ideia frequente na Literatura e divulgada em propagandas, como a da "família do comercial de margarina".

Nossa cultura nos pressiona a casar, constituir família e manter o casamento, para estarmos de acordo com o senso comum, angariando assim a aprovação social. Daí vem o sentimento de inadequação, de não pertencimento, até de exclusão, que têm um impacto tão forte após a separação.

Para piorar esse quadro, a rotina que se tinha durante o casamento, que abrangia desde estar em casa com alguém até todo o social envolvido na relação conjugal (que incluía, por exemplo, convivência com casais de amigos, programas com a família de origem do cônjuge), de fato tende a se perder e frequentemente a pessoa se sente só, à deriva.

"O pior é o final de semana, quando não sei o que fazer, pareço uma barata tonta, perdida... Meus amigos são quase todos casados... Nem sei quem procurar. Isso é muito ruim."

"Sabe, parece que só eu estou só, sem ter com quem me divertir. Fui a um shopping e vi todos felizes com maridos, filhos, sorrindo... E eu só, triste, diferente de todo mundo [fala de paciente recém-separada]."

Outro paciente poucos meses após a separação: "Agora entendo a frase: todo mundo vai ao circo, menos eu, é assim que estou me sentindo. Fiquei isolado, excluído".

Essa percepção de estar à deriva, perdido, excluído, abandonado, sem possibilidade de reversão é muito dolorosa, mas é uma interpretação, uma forma de ver (forma de ver subjetiva, que não necessariamente tem respaldo na realidade).

Trata-se, portanto, de uma interpretação detonadora (que aprofundarei adiante em recuperação após a separação), mas que por ser muito reforçada culturalmente, faz com que soe como verdadeira e forte.

7.1.4. Vergonha

"Fui a uma festa de amigos e me senti mal. Ficava imaginando o que é que aquela pessoa sentada à minha frente, me olhando, estaria pensando sobre a minha separação, se estaria com dó de mim... E aquele casal ao meu lado, de mãos dadas, estariam se sentindo superiores porque estão juntos e eu não tenho ninguém que pegue na minha mão? E aquele outro lá, que nunca gostou de mim, deveria estar curtindo o meu fracasso. Acho que ninguém mais me admira, e me consideram uma porcaria."

Vamos retomar, como referência para entendimento, o significado emocional do casamento, focando na importância do reconhecimento social enquanto aprovação, propiciado culturalmente pelo enlace matrimonial. Partindo, então, dessa necessidade de aprovação social, é possível extrair da fala acima (de um paciente vivenciando a separação), um sentimento de inferioridade, de inadequação, de não ser mais digno de admiração e reconhecimento externo provocado pela ruptura do casamento, caracterizando, sim, um sentimento de vergonha do olhar dos outros, visto como desaprovador ou piedoso.

Como somos ensinados desde muito pequenos sobre o valor da adequação, no sentido de correspondermos ao que os outros esperam de nós e consideram correto, entendemos que deriva daí a admiração dos outros e, mais que isso, a aceitação e aprovação de quem somos. Nesse pacote entram os valores culturais e familiares, incluindo com certeza a importância de estar casado, constituir família e manter um casamento bem-sucedido.

Portanto, a separação suscita o constrangimento de não corresponder ao esperado, à perda da admiração, da aceitação, chegando assim à vergonha.

7.1.5. *Saudade Até do Que Já Não Existia*

"Sinto um vazio, uma sensação quase visceral... uma saudade física."

"Queria que ela me aconchegasse, me cobrisse com o cobertor, me trouxesse café na cama... me chamasse de 'meu amor', como fazia no início..."

"Não tenho mais um homem comigo, a voz masculina, o cheiro, as roupas, a força masculina... E quem troque as lâmpadas. Ultimamente ele nem me ajudava mais tanto, mas achei que iria melhorar... No início era tão parceiro..."

Vamos falar do surgimento da saudade. Inclusive da saudade do que já não se tinha. Um forte desejo do que já acabou.

7. FASES, DIFICULDADES E ELABORAÇÕES PÓS-SEPARAÇÃO | 109

Nas verbalizações acima, de pacientes elaborando a separação, muito desse aconchego e da presença do(a) ex-companheiro(a) pode ter sido vivenciado no início do relacionamento, mas boa parte já não acontecia mais. Há muito tempo, o outro já não chamava de "meu amor", já não aconchegava o cobertor, nem trocava mais as lâmpadas.

É o absurdo medo de perder o que já não se tem.

Essa negação da realidade (que possibilita valorizar e temer perder o que já se teve, ou se fantasiou ter, em fases anteriores do casamento) pode ter sido amparada por muito tempo, já desde a crise do casamento, pelo conforto de um relacionamento falido. Sim, isso mesmo que você leu, apesar de insatisfatório e até sofrido, o relacionamento falido pode ter sido sentido como confortável ou menos desconfortável que a ruptura, por ser um terreno conhecido e por conter a esperança de melhora, de voltar a ter o que já existiu de bom e se perdeu.

Só que estamos falando de uma falsa esperança de melhora, que fez com que a pessoa postergasse a separação, acreditando que tudo voltaria um dia a ser como era antes.

Essa falsa esperança, apoiada na ênfase nas lembranças positivas do que já foi vivido de bom no início do relacionamento, ancora a crença de que se perdeu algo valioso com a ruptura do casamento.

Na verdade, o que de fato se perde na decisão de se separar é a própria falsa esperança de recuperar o que já se possuiu. E essa falsa esperança muitas vezes insiste em ressuscitar após o término do casamento.

7.1.6. Abstinência Insuportável

"Chega disso, estamos jogando tudo fora, temos que parar com isso. Não quero mais brigar, tá insuportável... Vamos retornar à nossa vida normal, nossa casa, nossos planos."

Sabe aquela frase: "Não quero mais brincar disso"? Quando a fissura da síndrome de abstinência provocada pela separação vem com força, o desejo sufocado de reatar o vínculo ressurge com tudo. Sim, porque como já vimos a sensação é muito parecida com a de um viciado quando está privado da droga.

Pude observar que isso ocorre frequentemente quando, decorrido algum tempo de separação, o ex-cônjuge se afasta, não procura mais ou deixa de responder quando procurado. O cônjuge que é então ignorado fica muito ressentido e necessita desse contato, dessa resposta do ex. É como se o vício e a dependência da relação ainda existisse e ambos fossem reativados. Disso decorre um forte sofrimento.

Nas crises durante o casamento, quando as brigas implicavam o afastamento, também ocorria algo parecido com a abstinência da droga, mas por espaços menores de tempo e com a quase certeza do retorno, ou seja, de que a privação afetiva seria curta. E aí, quando o casal reatava, vinha a sensação de alívio, "como tirar a dor com a mão" (fala de paciente).

Já na fase de abstinência quando a separação está consolidada, emergem pensamentos do tipo: "O que eu posso fazer para tirar essa angústia do meu peito? Dói muito... Acho que preciso dele... Não aguento mais isso".

Mesmo tendo clareza de que a decisão da separação foi tomada porque o relacionamento também estava insuportável, a angustia da privação, a dor da dependência, despertam o desejo de uma retomada (extremamente parecido com um viciado que quer parar de se drogar, mas é acometido pela fissura).

7.1.7. Culpa

"Tive outra recaída... É que fico só pensando nos momentos bons que vivemos juntos e nas suas qualidades, em tudo o que tínhamos juntos. Aí me pergunto por que não fui mais tolerante para não perder tudo isso.... Não aguentei, reagi e comecei a fazer um esforço para me lembrar da parte ruim, até chegar ao que causou a separação.... Então até senti um alívio, mas logo voltam as coisas boas na minha cabeça."

No depoimento desse paciente, está expresso um sentimento com o qual me deparo constantemente nos meus atendimentos, quando a pessoa se encontra na fase de elaboração posterior à separação. Conforme vemos na fala acima, à medida que a ruptura remete à consciência das perdas envolvidas e também a um vazio (que exigirá um trabalho de reconstruções na vida), a pessoa facilmente mergulha na culpa, idealizando o que possuía e não soube preservar.

O sentimento de culpa é bastante comum na elaboração das perdas em geral, inclusive no luto por morte, e tem relação com a onipotência que nos faz acreditar no nosso controle e poder. A pessoa então busca nas suas reflexões onde foi que errou, onde falhou, tenta achar sua responsabilidade pela perda.

Esse autoflagelo também está relacionado a crenças internalizadas, oriundas de ensinamentos familiares ou religiosos que aprisionam a pessoa no sentimento de culpa, turvando a análise da realidade, que permitiria compreender que muitas variáveis, que também incluem o outro, foram corresponsáveis pela trajetória que levou à ruptura do casamento.

7.2 Primeira Fase – No Olho do Furacão

Para transmitir o peso emocional dessa vivência logo após a separação, diria que os conteúdos que ouvi poderiam ser assim traduzidos:

"Quando eu pensava em separação, parecia algo estranho, meio fora do lugar, meio deslocado da órbita, mas também parecia temporário, reversível. Mas, agora que me separei, parece sim estranho, fora de órbita mesmo, mas sinto que é irreversível. Não dá para retomar o antigo eixo, voltar à órbita. Estou perdido, à deriva. Meu Deus! E agora?"

Nesse território pós-separação reside o olho do furacão. Quando alguém decide se separar, raramente possui uma consciência da dimensão das consequências com as quais terá de arcar. A escolha é motivada principalmente pelo desejo de se livrar das tensões, dos conflitos, dos prejuízos que detonam a qualidade de vida. Não há clareza das perdas que virão juntas no pacote, como solidão, perda de referência, dificuldade de encontrar ou construir outras relações afetivas.

É quase como se a pessoa fosse pega de surpresa. De repente se encontra no centro do furacão, sem controle, arremessada num espaço hostil e devastador que vai levando tudo. "E agora?"

A seguir, descreverei a dinâmica dessa difícil fase inicial pós-separação. Retomarei nessa descrição os sentimentos recorrentes que vimos acima, as dificuldades, os medos que se fizeram presentes já desde a fase de resistência à separação, integrados e até mesclados no processo dinâmico dessa vivência emocional.

Nessa primeira fase, a rejeição do parceiro, e mesmo a rejeição ou desaprovação de outros é sentida com um peso retumbante. A sensação de solidão e isolamento também parece amplificada. Ouvi de uma paciente a interpretação de que se sentia "desconectada, desplugada e excluída".

Um homem recém-separado relatou que tinha a impressão de que estava "à deriva, sem rumo, sem sua casa, sem endereço verdadeiro". Entendo que se referia ao endereço afetivo, que nos faz sentir "em casa" (que no mundo concreto é representado por nossa casa, que contém nossas coisas, nossas lembranças acumuladas ao longo dos anos). Exatamente como na infância, quando vivíamos protegidos na casa dos pais, que era nossa também, e nos proporcionava a sensação de segurança e pertencimento.

7. FASES, DIFICULDADES E ELABORAÇÕES PÓS-SEPARAÇÃO | 113

Na separação, quando é acordada a venda do imóvel em que a família morava, está implícita a perda para um dos dois, quando não para os dois (às vezes, um continua morando na casa, em outras os dois mudam de residência), da casa onde residia o casal ou a família, o lugar que continha muito da sua história, das suas referências.

Portanto, após a separação, a pessoa se depara com a difícil sensação de não pertencimento a um grupo familiar e de perda da continência que o parceiro, a casa e a família propiciavam. É como se, de repente, o indivíduo estivesse sem chão, não tivesse mais para quem contar o seu dia a dia, não vivesse mais num contexto que conhecia e o reconhecia pelo tempo de convivência, pelo partilhamento de uma mesma história de vida. Isso é muito bem ilustrado numa fala do filme *Dança comigo* (fita original japonesa, depois refilmada com Richard Gere), em que a esposa diz para um amigo que "precisamos do casamento, porque necessitamos de uma testemunha para nossa vida".

As pessoas que têm um(a) companheiro(a), quase sempre têm para quem ligar, para quem prestar contas, com quem dividir pendências, não importa se de uma forma positiva ou negativa, o que de fato importa nesse mar de carência e insegurança é o fato de ter um ancoradouro para chamar de seu, um porto seguro exclusivo, disponível em primeiro plano só para você (embora nem sempre de fato seja assim). E mesmo quando esse contexto de abrigo é hostil, ainda assim existe o reconhecimento fácil.

Quero dizer que às vezes basta um olhar, uma palavra, e já ocorre a decodificação da mensagem pelo outro. É o que chamamos de familiaridade.

Com a separação, o que mais pesa numa primeira fase é o fato de que os outros ancoradouros são provisórios, ou têm outros donos, ou simplesmente não estão disponíveis. Daí vem o sentimento de estar à deriva, a dolorosa sensação de não ter um porto seguro.

Como já vimos anteriormente, mesmo que na realidade a pessoa já não tivesse esse porto seguro, na visão superficial da rotina prática da vida ela tinha. E a ilusão de ter alivia a dor. Quando fica escancarado que não se tem, a situação se torna insuportável. Fica evidente que não existe mais aquela pessoa disponível a quem se reportar, com quem dividir, com quem contar, para quem se é especial acima de qualquer outra pessoa.

Com certeza, isso não é apenas novo, mas também estranho e difícil de digerir: De repente, aquela que era a pessoa mais importante da sua vida, a mais presente, não faz mais parte da sua rotina e vice-versa, o outro também exclui o parceiro do seu cotidiano.

Em casamentos longos, quando a separação ocorre após quinze, vinte anos, a sensação pode ser de perda de referência, como se fosse perdido o centro gravitacional.

Nesses casos, pode ocorrer quase que uma desorientação nessa perda de eixo. Uma paciente chegou a relatar que "Parece que estou imersa em um sonho ruim, no qual me sinto perdida, sem rumo... Mas que não pode ser mesmo real... É muito estranho, não reconheço minha vida assim, essa não é minha vida... Penso que tudo voltará ao normal quando acordar", e foi ela que tinha pedido a separação e não parecia ter dúvidas de que essa era a melhor decisão.

No decorrer desse processo emocional pós-separação, é comum um dos ex-cônjuges decidir deletar o outro. Acompanhei essa atitude tomada por um paciente que sentia muita raiva, porque acreditava que havia sido deixado pela companheira injustamente. Assim, logo no início da separação ele passou a ignorar a ex-esposa acintosamente. Ela, que como no caso anterior, também não tinha dúvidas sobre a separação, começou a ficar depressiva, manifestando sentimentos de desvalorização e muito medo da solidão, como se não conseguisse aceitar ser apagada assim pelo ex-marido. Parecia viver o medo da invisibilidade, de não ser mais reconhecida pelo outro, de ser desprezada, e dizia: "Justamente ele que sempre se importou tanto comigo, com quem partilhei a cama e tantas coisas por tantos anos, agora me ignora, não quer nem conversar por telefone".

Precisamos entender que aqui também ocorre o seguinte: aquele que solicitou a separação, quando o fez, tinha controle sobre a situa-

7. FASES, DIFICULDADES E ELABORAÇÕES PÓS-SEPARAÇÃO

ção, ou seja, tinha escolha. A partir do momento em que o parceiro aceita a separação e também se afasta, o primeiro se depara com a ausência de controle, pois agora a situação já está definida. Por mais paradoxal que pareça, já observei sentimentos depressivos decorrentes dessa percepção. Torna-se muito difícil admitir que estamos sendo rejeitados ou deletados por aquele que anteriormente parecia tão sob controle. Trata-se da angústia de perceber que uma situação provavelmente não é mais reversível.

Mais uma vez fica evidente que, quando nossa onipotência está no comando, não aceitamos a impossibilidade da escolha ou de sua irreversibilidade, mesmo quando fomos nós que escolhemos primeiro.

Assim, quando aquele que solicitou a separação se depara com a aceitação do outro e, mais que isso, com seu movimento de afastamento, exclusão, buscando tocar sua vida, o sujeito recebe muito mal essa mudança porque o tira do centro, do controle da situação.

Para aumentar ainda mais a dificuldade, essa pessoa que pediu a separação e está sentindo a dor da exclusão não tem onde buscar amparo, porque é percebida pelos outros como o lado forte ou, pelo menos, como o lado que não quis mais o relacionamento. Decorre disso que, ao tentar confidenciar sua tristeza por estar sendo deletada, costuma ouvir respostas como: "Mas não foi você que quis se separar? Não estou entendendo... O que você esperava, que ele ficasse atrás de você?"

Soma-se à onipotência citada acima, portanto, essa privação afetiva decorrente da aceitação da ruptura pelo parceiro e também pelos familiares e amigos (que não entendem essa lamentação, já que foi a pessoa que decidiu se separar). Essa ausência de amparo afetivo pesa nesse momento, dificultando ainda mais o processo de separação emocional.

Entenda-se por privação afetiva o afastamento do ex-parceiro, mesmo que o principal objetivo desse afastamento seja não brigar mais. O fato de o parceiro não telefonar, de evitar contato, é sentido como indiferença.

Vale aqui lembrar que nós, seres humanos, temos grande tolerância para com a atenção negativa, pois nos faz sentir que o outro se importa conosco. O inimigo, com seu ódio, nos confere importância, mas temos muita dificuldade para aceitar o descaso, o desinteresse e afastamento do outro. Já ouviram falar da dor do desprezo? É bem por aí.

Também preciso enfatizar aqui o sentimento de culpa, oriundo do exame de consciência inerente ao processo de elaboração, que, a princípio, pode ser vivenciado por quem se separou, de forma a se responsabilizar pela ruptura, e pode suscitar o medo de ter tomado a decisão errada. Essa culpa costuma fermentar, crescer e contaminar essa fase inicial, sendo a principal fonte de ansiedade e depressão.

Ouso afirmar (pelo que acompanhei nos meus atendimentos) que a culpa é o que costuma desencadear os principais medos que já vimos aqui. Estou me referindo ao medo da solidão e do desamparo. Sim, porque a pessoa, entendendo que foi de sua responsabilidade o rompimento que a condenou à solidão, e com a dor insuportável inflacionada por essa culpa, tende a se flagelar num questionamento sobre suas atitudes anteriores (que levaram à separação) e pode começar, inclusive, a cogitar uma volta por medo do desamparo.

Ouvi de um paciente recém-separado a seguinte fala: "Bem que ela me disse que eu ia acabar ficando sozinho... Foi o que aconteceu. Eu poderia ter prestado atenção, ver que estava pisando na bola... Agora não sei se tem retorno..."

Na sequência desse processo, vem a queda da autoestima, a sensação de fracasso, de impotência e de que ninguém se importa. Lembram quando vimos que esse funcionamento é parecido com o de um viciado? Já se sabe que o alívio será apenas temporário com um retorno do relacionamento, que depois virá mais sofrimento. Mas a ausência é insuportável, então parece que a solução é voltar, ou melhor, surge quase uma necessidade do retorno ao relacionamento.

A sensação de exclusão vivida após a separação pode se estender à família de origem do parceiro, ao convívio social, ao mundo dos casados e até ao domínio das propagandas, que em geral são dirigidas às famílias, com a sugestão implícita de uma receita de felicidade contida em um quadro familiar.

Após a ruptura, é muito frequente o retorno, com mais força, dos medos e das angústias vivenciados antes da separação (que pareciam ter dado uma trégua com a decisão da ruptura). Felizmente, também é comum estes sentimentos pesados se alternarem com a sensação de alívio por não ter que conviver mais com os embates, com as angústias e os sofrimentos que predominavam no relacionamento terminado.

Um dos sentimentos pesados que pode voltar nessa fase é a sensação de fracasso no projeto de vida a dois ou familiar, parecendo que foi perdida a possibilidade de aconchego e proteção, com a qual contávamos tanto neste projeto. Mas, como já vimos, não podemos perder o que não temos.

De fato, após a separação existe uma carência de aconchego e proteção, mas ela não pode ser caracterizada como uma perda se já não existia no relacionamento que terminou. O que realmente muda é que essa carência fica escancarada, quando antes estava camuflada. Além disso, anteriormente ela não era explícita para os conhecidos, amigos e familiares e, após a separação, a pessoa se percebe exposta no que se refere a esta falta de aconchego e proteção.

Essa exposição costuma ser vivenciada como um desnudamento, que é humilhante porque, como já vimos anteriormente, fere a vaidade, na medida em que o olhar do outro é interpretado como desprovido de admiração ou pior, o indivíduo acredita ser alvo de piedade.

A separação, portanto, mexe com a imagem externa, deixando a pessoa extremamente insegura a respeito de como vai ser vista sem um(a) companheiro(a). Como se ficasse mais pobre, mais fraca, menos digna de admiração.

Assim, se o que se acredita é que manter um casamento significa competência e poder, após a separação a pessoa tende a se rotular como incompetente e fraca.

Na separação, quando alguém se livra das partes ruins da relação, perde também as partes boas. O pacote é perdido por inteiro. Por isso a dor após a separação surge atrelada a uma sensação de falta, de vazio, que as pessoas relatam ser uma sensação quase visceral, difícil de suportar, que lembra a fissura do viciado pela droga. Ouvi ou li em algum lugar que é semelhante à sensação pós-amputação de um braço, em que o membro-fantasma vive no cérebro (que ainda emite impulsos nervosos para o corpo) e é muito angustiante não ter mais a representação física e a funcionalidade desse braço.

Achei interessante essa imagem da amputação porque em um episódio assim, quando alguém precisa passar por uma amputação, às vezes o médico deixa claro que se trata da única possibilidade de salvar a vida da pessoa. A amputação, então, é o doloroso preço da manutenção da vida. Transportando para uma metáfora, essa dor da ruptura do casamento pode ser tão violenta para alguns indivíduos, a ponto de ser representada como a perda de uma parte do próprio corpo. Posso adiantar como boa notícia que esse braço-fantasma pode ser recuperado ou substituído em sua funcionalidade (com uma prótese muito boa, além da eliminação da parte infeccionada, que poderia matar) e o mesmo ocorre após a elaboração da separação. Veremos isso adiante em recuperação.

A solidão e a saudade despertam lembranças de sensações físicas quase concretas, como o desejo do abraço, do olhar, do aconchego. Uma paciente relatava: "Sinto falta do homem, do toque, da roupa masculina, do cheiro, do perfume, da força física".

Por outro lado, a lembrança dos conflitos torturantes, a dor do desamor acompanhado da desarmonia constante, ou a indiferença que se vivenciou durante a crise, muitas vezes prolongada por anos, é momentaneamente apagada da memória. A percepção do que se ganhou com a separação, como por exemplo tranquilidade, liberdade e paz não tem peso para contrabalançar e aliviar o sofrimento derivado do vazio.

Aliás, repito, isso até desaparece da memória nesse momento, porque a intensa dor da perda ilumina apenas a falta, ofusca o ganho e o alívio que não são enxergados na sombra. Ficam então prejudicadas a clareza de pensamento ou reflexão. Predominam, nessa visão parcial e pouco lúcida, a angústia e a depressão que a ausência do outro desencadeou.

Se analisarmos essa atitude, concluiremos que temos uma tendência cultural, aprendida portanto, de ressaltarmos o que falta, de reconhecer o prejuízo. Não somos atentos aos ganhos que ocorrem em paralelo com as perdas, porque não aprendemos a valorizar o que temos ou o que ganhamos com nossas escolhas. Somos ensinados, sobretudo, a ter cuidado para evitar os prejuízos.

Lembrando como é frequente a desvalorização de atitudes "polianas", que se referem ao "jogo do contente", ao olhar para o positivo. Isto é, nos deparamos com inúmeras mensagens de exaltação do positivo no contemporâneo, mas elas lidam com as adversidades de forma quase mágica, como se tivéssemos poderes enormes sobre os acontecimentos e nossa vida. Por não terem embasamento, essas mensagens acabam caindo no vazio e no descrédito.

Acredito no valor do pensamento positivo, da sacada da Poliana, que pode contribuir muito com uma dinâmica psíquica equilibrada (mas sem um olhar ingênuo, mágico), com valorização do bom, dos ganhos, instrumentalizando o indivíduo e determinando sua resiliência e sucesso.

Pode demorar para cair a ficha de que qualidade de vida e prazer não dependem de estar casado, descasado ou solteiro, que derivam muito mais da postura diante da vida, das escolhas, das perdas e dos ganhos.

Vai ficando mais claro que o que se quer de fato nessa crise pós-separação é evitar as perdas. Por isso, a pessoa continua se debatendo assustada na areia movediça e não consegue sair, sendo cada vez mais tragada, mesmo com um galho de árvore ao seu alcance para servir de alavanca. E tudo para manter a ilusão de que será possível evitar as perdas, voltando assim a se sentir seguro, retornando ao conhecido.

Esse aprisionamento ao que temos, esse apego tão limitante está ligado também à crença de que somos frágeis e não conseguiremos superar as perdas (de fato, a pessoa está fragilizada no período de crise no casamento, mas isso não quer dizer necessariamente que ela seja frágil).

A separação gera o medo do desamparo que, muitas vezes, é uma vivência anterior à crise do casamento, ou seja, situações de desamparo já foram vividas em outras fases de nossa existência. Por isso, esse temor tende a ser amplificado e a fragilidade aumentada. São cicatrizes antigas que voltam a doer quando se encara a separação.

Podem ser experiências difíceis e precoces com a família de origem ou com outras relações na infância ou adolescência em que se vivenciou o sentimento de rejeição, de desvalorização, fracasso ou incompetência (na parte sobre recuperação pós-separação, em ressignificação da solidão, retomaremos a administração do desamparo e a importância da psicoterapia em relação a essas cicatrizes emocionais).

Contudo, à medida que esse processo avança, o indivíduo começa a enxergar que ficar patinando nesse lodaçal é a maior perda; que aí é que se está de fato, abdicando da possibilidade de ter equilíbrio físico e emocional, de sentir alegria genuína; de ser sereno e pleno.

É claro que sempre vamos ter de lidar com alguma perda. Como vimos no tópico sobre o medo das perdas, em resistências à separação, não existe opção sem perda. Gosto de repetir essa frase, porque sempre me deparo com casos em que ela ainda não está clara no acompanhamento de meus pacientes.

A vida é uma sucessão de perdas, maiores ou menores. Precisamos escolher visando os prejuízos menos lesivos e que nos permitirão ser mais saudáveis e realizados dentro da nossa subjetividade.

7.2.1. Como Facilitar a Elaboração da Separação

"Agora sei: sou só. Eu e minha liberdade que não sei usar. Grande responsabilidade da solidão"[6], escreveu Clarice Lispector.

A separação, como já vimos, constitui-se numa experiência de perda, de luto que precisa ser elaborado para que ocorra a superação da dor. É preciso enfrentar o fato de que a pessoa em quem se investiu um grande capital afetivo, com quem se desenvolveu um projeto conjunto de vida, não está mais ali. Bastante compreensível, portanto, que essa vivência gere no indivíduo uma sensação de vazio pela desconstrução afetiva e de projeto de vida.

Será necessário um reinvestimento desse capital afetivo em outros objetos de amor e uma reconstrução, geralmente desde o alicerce, de um novo plano de vida.

Começando pelo investimento afetivo, vamos imaginar nosso amor como um ioiô, aquele brinquedo com dois discos e cordão, que podemos atirar em determinada direção, mas que pode ser puxado de volta para nossas mãos, permitindo que o atiremos novamente em qualquer direção. Gosto dessa imagem (que vi em algum lugar) como uma metáfora da nossa capacidade de mudar o objeto de afeto. Sim, estou afirmando que é possível desinvestir o amor de uma pessoa e investi-lo em outra.

O leitor deve estar se perguntando como isso é possível, se eu já disse que não temos controle sobre quem amar ou deixar de amar.

Creio que pode facilitar esse entendimento lembrarmos dos inúmeros enamoramentos que uma pessoa pode viver ao longo da vida. É o ioiô do amor voltando ao dono e sendo atirado em outra direção, como um reinvestimento afetivo. E alguém muito apaixonado, quando está trocando juras com seu amor, tem certeza naquele momento de que o sentimento por essa pessoa durará para sempre.

---

[6] LISPECTOR, Clarice. Água Viva. Rio de Janeiro: Rocco, 1973, p. INSERIR PÁGINA

De fato, esse indivíduo enamorado não tem controle sobre deixar de amar, mas quando esse amor está roto, definhando por dificuldades de relacionamento, por exemplo, aí sim o indivíduo pode, conscientemente, resolver recuperar o seu capital amoroso que estava investido no outro (pode puxar o ioiô para si). Isso passa, é claro, por um amplo trabalho emocional interno, de resolução da dependência inclusive.

Quanto a reinvestir em outra pessoa esse capital amoroso (e me refiro a capital amoroso como o sentimento que de fato pertence a quem o sente, só é colocado no outro), primeiramente o sentimento precisa ter sido recuperado (o ioiô voltou pro dono) para que ocorra esse reinvestimento, aí sim será possível apaixonar-se por outro alguém. Claro que não temos muita ou quase nenhuma liberdade de escolha do par amoroso, mas o ioiô pode ser atirado novamente se surgir a atração, o encantamento por outra pessoa.

Com relação à reconstrução de um novo plano de vida, a abrangência aqui é enorme, incluindo reerguer as paredes derrubadas pelo *tsunami* da separação e seguindo na direção de conquistas e construções não tão concretas, ou até muito abstratas e desconhecidas até então pela própria pessoa, incluindo aqui as novas paixões que podem surgir não só por uma pessoa, mas também por um projeto, *hobbies* ou desenvolvimento de um talento.

Preciso ainda dizer que o luto bem elaborado (superada a primeira fase que acabamos de ver, do inconformismo com as perdas), ou seja, uma separação bem resolvida, proporciona uma herança pós-perda. Estou me referindo a um patrimônio de memória extremamente valioso que se herda de uma experiência tão íntima com outro ser humano.

Tudo o que vivemos de bom e bonito, tudo que aprendemos ao longo dessa convivência é nosso, nos pertence, nos enriquece e nos ajuda a reinvestir no mundo com mais clareza do que queremos e do que nos faz bem. Trata-se da parte boa do luto, que é usufruir da herança.

O prezado leitor já deve ter ouvido que "o casamento não deu certo" a respeito de alguém separado ou dito pela própria pessoa. Em geral, essa afirmação não corresponde à realidade porque, na maioria dos casos, deu certo, sim, foi uma rica experiência com saldos positivos. E aqui entra também a herança do luto a que acabei de mencionar.

Essa consciência e apropriação da herança é necessária para a elaboração da ruptura.

Posso afirmar que a recuperação emocional pós-separação se inicia quando a esperança de ser feliz, de ficar bem, reaparece. Antes disso, a sensação é de falta de rumo, além da patinação na dor e no ressentimento.

São bastante conhecidas as formas de auxílio sugeridas em momentos de elaboração de situações de luto, como é o caso da perda de uma relação de casamento, que fragiliza o indivíduo física e emocionalmente.

No entanto, quando se está imerso no problema, fica difícil buscar auxílio externo, mesmo que se conheça o caminho, especialmente se já fizer parte do processo uma vivência depressiva. Tendo ciência disso, julgo importante lembrar, propor e insistir na busca de opções que possibilitam e aceleram a elaboração da separação e decorrente recuperação.

Vou então citar algumas:

Psicoterapia para trabalhar a elaboração da perda; as resistências que vimos anteriormente; a consciência do nosso poder de escolha para sair da vitimização; as crenças, valores e preconceitos que interditam a elaboração do processo, por estarem cristalizados implicando uma rigidez de pensamento; a autoestima e a descoberta de novos projetos de vida.

Num aprofundamento terapêutico, muitas vezes se faz necessário trabalhar as cicatrizes emocionais (que abordei anteriormente). Isso porque, se a dor atual tem ressonância ou está amplificada por rejeições vividas anteriormente (por exemplo), só trabalhando o trauma anterior será possível destravar e superar o atual.

Leituras sobre o assunto, abrangendo tanto livros específicos sobre separação (este livro por exemplo), como livros de Filosofia, porque instigam reflexão e questionamentos sobre as próprias crenças, valores e estruturação da vida, flexibilizando em relação a mudanças.

Entendendo aqui a experiência de ruptura do casamento como uma grande mudança, que, pela sua dimensão, exigirá muita flexibilidade para tal elaboração.

Vale também qualquer outra leitura que estimule um pensamento reflexivo, inclusive romances e biografias são muito bem-vindos para auxiliar nesse processo de elaboração da perda e das mudanças decorrentes. Filmes e séries com conteúdos semelhantes ao exposto em relação aos livros também são válidos.

Atividade física para reduzir as tensões que enrijecem o corpo e causam dores físicas; trabalhar a consciência corporal, que melhora a percepção de seu corpo e as sensações; aumentar a produção de endorfina, que melhora o humor e gera bem-estar para restaurar a saúde, a disposição e o pique, que com certeza contribuirá consistentemente para a recuperação.

Além da melhora da saúde, bem-estar, humor e consciência corporal, a atividade física pode nos tornar mais atraentes, mais bonitos de fato. Isso porque o aumento do pique, uma postura física aprimorada, a tonificação e o ganho muscular nos conferem uma aparência renovada. Lembrando que, se nos sentimos mais atraentes, nossa autoestima ganha pontos, o que é de grande ajuda.

Também preciso assinalar aqui o benefício da atividade física feita em grupo, porque dessa forma existe troca de energia e prazer na execução dos exercícios e propicia alegria, o que é incrivelmente terapêutico.

Atividades sociais e de lazer. Sabemos do poder curativo que pode advir de uma boa conversa com um amigo. Então é usar e abusar dessa possibilidade. Nenhuma contraindicação, embora, para muitos, a exposição pareça assustadora num primeiro momento, , surgindo o medo de se sentir menor, inferior, discriminado ou pouco acolhido.

Mas os amigos não são só para confidências. Também podem compartilhar diversão, alegria, descontração. Essas pausas no difícil trabalho mental de elaboração da perda são fundamentais para a recuperação.

Lembrando que atividades culturais também proporcionam reflexão, ampliação de informações e percepção do mundo, o que é muito benéfico nesse período. Então a música, a dança, as reuniões alegres, atividades culturais múltiplas são extremamente bem-vindas nessa fase. Claro que respeitando as preferências subjetivas, que com certeza variam de pessoa para pessoa.

Desenvolvimento de seus talentos. Em muitos casos, é importante trabalhar num processo terapêutico o desapaixonamento pelo(a) ex-companheiro(a) ou mesmo a percepção de que já não existe o apaixonamento, que o outro já caiu do pedestal, que não está mais idealizado. Tendo em mente aqui que a paixão (mesmo a falsa, induzida pela dependência) mantém a pessoa refém, é parente do vício e, portanto, resiste a deixar o cenário.

Com frequência, se faz necessária a abstinência para combater o vício nesse relacionamento, da mesma forma que um usuário não deve ter contato com a droga para curar o vício. Isso é explicado com clareza pela neurocientista Suzana Herculano-Houzel, quando traça o paralelo do vício de drogas com a dependência no relacionamento amoroso. Ela explica que algumas regiões do cérebro, responsáveis pelo julgamento social, ficam menos ativas quando se está apaixonado, causando uma espécie de cegueira social amorosa. E como a paixão traz prazer e existe esse registro no relacionamento, a resistência a deixá-lo é enorme, como no vício.

Comecei este tópico abordando o desapaixonamento e a resolução do vício justamente porque, na sequência dessa resolução, com a perda da vivência sentida como prazerosa, será importante efetuar a substituição do prazer. Quero dizer que, se abrimos mão de um vício, que no nosso registro garante prazer e alívio (mesmo que na realidade isso não ocorra mais), precisaremos de outros espaços, atividades, relacionamentos, que também nos supram para possibilitar a manutenção da abstinência do vício danoso (que vem a ser a repetição teimosa, de tentar recuperar o irrecuperável, o que já não existe).

Feitas essas colocações, podemos abordar a mais efetiva substituição desse prazer que antes era propiciado pelo par amoroso. Trata-se de encontrar e introduzir uma nova paixão. Estou me referindo ao desenvolvimento de talentos, do diferencial de cada pessoa, que podia estar adormecido ou abandonado por falta de espaço e atenção na formatação da vida de casado. Utilizo aqui a palavra "talento", buscando abranger uma ampla diversidade de potencialidades, sejam ligadas ao trabalho, à arte, religião, enfim, àquilo pelo qual a pessoa poderia se apaixonar de forma a obter prazer. Também pode surgir nessa procura a chance de entrar em contato consigo mesmo, de se conhecer mais profundamente, ser fiel à sua essência, descobrindo um novo sentido para a vida. Trazendo alguns exemplos de minha prática clínica, lembro de um paciente que comprou uma bela máquina fotográfica e se matriculou num curso, relatando que tinha enorme facilidade para aprender as técnicas de fotografia e muita satisfação com isso. Um outro começou um curso de dança, contando que dançava bem, amava dançar, mas há anos não praticava, porque a esposa não gostava. Logo foi convidado a atuar como monitor de dança na escola em que praticava. Também me recordo de uma paciente que, após a separação, junto com uma amiga, começou a vender suas tortas salgadas que até então eram muito apreciadas só pelos amigos. Fez tanto sucesso que se tornou sua fonte de renda, além de constituir uma atividade prazerosa para ela. Uma outra, com formação em Psicopedagogia e apaixonada por crianças montou uma escolinha infantil e relatou que se sentia realizada e alegre, como há muito tempo não se sentia. Também teria histórias ligadas à música, à escrita, às artes plásticas, à marcenaria, etc. Poderia continuar numa sequência de exemplos de talentos reencontrados e desenvolvidos após um processo de separação, mas acredito já ter passado ao

7. FASES, DIFICULDADES E ELABORAÇÕES PÓS-SEPARAÇÃO | 127

leitor ilustrações, que possibilitem a compreensão do que vem a ser o desenvolvimento do talento e da sua importância na elaboração e no crescimento pós-separação.

Não tenho a pretensão de esgotar aqui a lista de possibilidades de mudanças, descobertas ou atividades que contribuem para a elaboração do processo de separação. Nem acredito que isso seja possível. Apenas citei aquelas com as quais me deparei com mais frequência. Convido, portanto, o prezado leitor a pensar a respeito, porque com certeza poderá enriquecer essa pequena lista.

7.3. Segunda Fase – Recuperação após a Separação

A passagem para essa segunda fase após a separação é precedida pela citada oscilação entre os sentimentos pesados, a dor, o desamparo, a culpa e a sensação de alívio por estar livre do relacionamento negativo, das repetitivas brigas, da solidão acompanhada, do desrespeito constante.

O que caracteriza essa transição do olho do furacão para a recuperação é que, nessa vivência de oscilação, os momentos de alívio começam a ocupar cada vez mais espaço, permitindo uma liberação da criatividade, uma melhora da autoestima, de modo que a alegria há tempos esquecida parece ressurgir das cinzas, como bem mostra esta canção:

> Quando você me deixou, meu bem
> Me disse pra ser feliz e passar bem
> Quis morrer de ciúme, quase enlouqueci
> Mas depois, como era de costume, obedeci
> Quando você me quiser rever
> Já vai me encontrar refeita, pode crer

> Olhos nos olhos, quero ver o que você faz
> Ao sentir que sem você eu passo bem demais
> E que venho até remoçando
> Me pego cantando
> Sem mais nem porquê
> [...]
>
> Chico Buarque, Olhos nos olhos[7]

Esse alívio no período de oscilação pode já ter sido sentido anteriormente, na forma de uma projeção mental ainda no casamento, ou seja, o indivíduo imaginou como seria a vida sem o outro nos períodos em que esteve distante da vivência conjugal, seja porque um dos dois ou os dois estavam no trabalho, seja por conta de viagens curtas ou compromissos individuais. Em muitos casos, podem ter ocorrido separações curtas quando um fez a mala e saiu por não aguentar mais. Pode ter ido para a casa dos pais, para um hotel e, assim, o citado alívio foi vivenciado, mesmo que depois tenha voltado ao casamento. Alguns casais experimentam esse vaivém algumas vezes antes de uma separação definitiva. Quero deixar claro com isso que essa recuperação faz parte de um processo muitas vezes longo e recorrente, que pode ter se iniciado quando o casamento ainda existia formalmente.

Dessa forma, o grau de elaboração já alcançado no decorrer do processo implica, nessa segunda fase, um crescimento emocional do indivíduo, na medida em que ele vai deixando de ter no ex-cônjuge o depositário de suas próprias dificuldades e, estas, portanto, tornam-se mais visíveis, oferecendo a oportunidade de evolução.

Como já observei na introdução deste livro, a matéria da qual tratamos aqui envolve sempre o particular de cada caso. E, na medida em que esse processo de recuperação passa por um trabalho de

---

[7] HOLLANDA, Francisco Buarque de. Olhos nos olhos. In: *Meus caros amigos*: Phonogram/Philips, 1976. 1 LP. Faixa 3.

elaboração mental complexo e único para cada indivíduo, não tenho como explanar aqui de forma generalista.

Procurei, então, ater-me a pontos comuns e recorrentes observados em meus atendimentos clínicos, sem perder de vista o subjetivo envolvido. Para tanto, destacarei os movimentos emocionais desse processo ou, melhor dizendo, as elaborações psíquicas que remetem ao crescimento, com as quais me deparei mais frequentemente no meu trabalho.

No acompanhamento de meus pacientes nesse caminho para a recuperação pós-separação, observei um percurso que passa por várias estações como: a resolução da dependência patológica, a valorização da dignidade e responsabilidade com crescimento da autoestima, a ressignificação da solidão e a reinterpretação da separação.

A seguir, abordarei mais detidamente a passagem por cada uma dessas estações.

7.3.1. Resolvendo a Dependência

Vamos ler a seguir a "A história dos porcos-espinhos", de Arthur Schopenhauer, um filósofo alemão:

> "Durante a era glacial, muito remota, quando parte do nosso planeta esteve coberto por grandes camadas de gelo, muitos animais não resistiram ao frio intenso e morreram por não se adaptarem às condições do clima hostil.
>
> Os porcos-espinhos, numa tentativa de se proteger e sobreviver, resolveram se juntar em grupos, se aproximando mais e mais. Assim se aqueciam e se protegiam mutuamente, mas os espinhos de um companheiro feriam o que estava mais próximo,

justamente aquele que mais oferecia calor. Por isto, decidiram afastar-se uns dos outros; e começaram de novo a morrer congelados.

Então precisaram fazer uma escolha: ou desapareciam da Terra ou aceitavam os espinhos dos companheiros.

Com sabedoria, decidiram ficar juntos. Aprenderam assim a conviver mantendo uma distância ideal, nem muito perto para se espetar, nem muito distante para não perder o calor e também, a suportar pequenas feridas que um muito próximo podia causar, já que o mais importante era o calor do outro.

E assim, sobreviveram à longa era glacial."[8]

Podemos utilizar essa interessante parábola para diferenciar, no relacionamento humano, a proximidade que cola, sufoca, mutila e dói, configurando uma dependência patológica, da proximidade flexível, que encontra e afasta, com troca salutar, permitindo a construção da intimidade e solidariedade entre as pessoas.

No casamento, a proximidade do casal pode ocorrer das duas formas ilustradas na narrativa (muito grudados a ponto de se machucarem ou muito distanciados a ponto de matar a relação) e evoluir positivamente até chegar à terceira forma, quando os porcos-espinhos encontram a solução para sua sobrevivência (uma distância adequada que supre, mantém o aquecimento, sem causar dor ou então causando pequenas dores suportáveis).

Quando o relacionamento fusionado de um casal machuca, a dor pode desencadear um grande afastamento defensivo de um ou de ambos os cônjuges. E, na sequência, quando ocorre o amadurecimento da relação (em um cenário em que acontece a resolução da dependên-

---

[8] SCHOPENHAUER, A. *Parerga und Paralipomena*. Tomo II.

cia patológica, em geral através de um processo psicoterápico), chegar a um modelo mais flexível, no qual a construção da intimidade permite ora estar mais perto, ora mais distante, de forma a manter o calor do relacionamento sem a sensação de sufoco ou aprisionamento.

Dessa forma, pode existir o "nosso" com a preservação do "meu e teu". E isso é fundamental para a sobrevivência de um vínculo de relacionamento saudável. Contudo, na complexa dinâmica dos relacionamentos humanos, nem sempre é fácil alcançar tal equilíbrio, o que explica o grande número de divórcios relacionados a vínculos assim disfuncionais.

O casamento frequentemente entrelaça a vida dos indivíduos numa dependência tal que a rotina diária é compartilhada em muitas demandas. Assim, desde as tarefas corriqueiras como compras, administração da casa, pagamentos de contas, educação dos filhos, projetos de viagens e lazer, até problemas no trabalho, questões com a família de origem, eventuais dificuldades ou sucessos, quase tudo enfim, costuma ser partilhado entre os cônjuges.

Muitas vezes, até os programas de lazer só ocorrem a dois, quando não com toda a família, praticamente desaparecendo de cena as atividades e os interesses individuais.

Nossa cultura enfatiza a crença de que precisamos de alguém para cuidar e que cuide da gente (trata-se de um valor que embora infantil é fortemente difundido no mundo adulto) e também preconiza que numa relação de amor devemos fazer tudo juntos, sempre prezando o "nosso" em detrimento das necessidades e escolhas individuais. Busca-se um "consenso obrigatório" (expressão absurda, que acabei de inventar), o que evidentemente não é possível nas relações humanas. E então o que frequentemente vemos acontecer nas dinâmicas relacionais é alguém fingir que concorda ou se submeter, o que evidentemente não tem nada a ver com consenso e não leva a um bom lugar na qualidade do relacionamento. Aquele que se submete fica ressentido, e essa dívida será cobrada posteriormente de alguma forma.

Para ilustrar esse tipo de funcionamento de casal ou família, selecionei um trecho de sessão de psicoterapia familiar, que terminou com a separação do casal e a emancipação dos filhos: "Estou muito magoada. Sempre me preocupei com meu marido e com meus filhos, abri mão de muita coisa por eles. Deixei de sair, ia aos programas que eles escolhiam, quantas vezes deixei de ir ao cabeleireiro ou à manicure para estar com eles... E então eles começaram a mudar... ele [o marido] começou a passar a tarde toda de sábado no tal futebol e, quando chegava, demorava para ir lavar a louça do final de semana (quando o combinado é que seria a vez dele cuidar disso), ficava no computador conversando sei lá com quem... Minha filha, no dia das mães, resolveu sair com o namorado. E meu filho foi prestar vestibular em outro estado, nem se importando em nos deixar. E depois meu marido resolveu se separar... E ainda dizem que a culpada sou eu". Essa foi a fala da mãe num atendimento familiar em que estavam presentes os pais e os dois filhos, trabalhando as dificuldades pós-separação.

A família buscou terapia por iniciativa da mãe, já no final do casamento, porque o convívio familiar estava insuportável, com muitos conflitos, sérias somatizações do pai e da filha e comportamento agressivo descontrolado do filho, dentro e fora do ambiente familiar. A mãe desenvolvia um quadro ansioso-depressivo.

Foi ficando claro que o casal tinha, desde o início do enlace, um contrato emocional de casamento fusionado, que foi transferido para os filhos. Na medida em que estes últimos foram crescendo, o contrato começou a ser descumprido, tanto por eles como pelo marido. A partir de então, iniciou-se uma dinâmica de relacionamento claramente patológica (já era patológica antes, mas não era evidente), em que reinavam a raiva e a culpa, com o pai e a filha adoecendo fisicamente e filho desenvolvendo distúrbio agressivo. Culminou em separação. Eis aí um retrato da configuração do dano provocado pela dependência patológica.

Nesse funcionamento, embora predominem crenças fusionais, como a de que "é um por todos e todos por um" para justificar a exclusão de atividades, necessidades e desejos individuais, esse pacotinho de demandas próprias começa a fazer ruído, querendo espaço. E esse ruído precisa ficar oculto, porque nada pode ser muito explícito, já que agrediria valores considerados nobres, que sempre priorizam a união familiar, valores conciliadores para que todos sejam sempre incluídos. A liberdade individual não faz parte dessa dinâmica, sendo inclusive percebida como egoísmo, que levaria à destruição da família.

O desenvolvimento da dependência decorre das crenças e dos valores inerentes a esse formato de casamento em que predomina o fusionamento. Posteriormente, com a separação, vem a sensação de sobrecarga e de estar à deriva, por não ter mais esse pertencimento absoluto garantido (garantia apenas ilusória porque não sobrevive por muito tempo). E essa sensação ocorre mesmo que já exista um razoável grau de consciência de que o preço desse pertencimento era o cerceamento da liberdade individual, do crescimento e bem-estar.

Felizmente, no processo de elaboração emocional, a pessoa começa a refletir e surgem indagações produtivas e transformadoras como: "Não podia mais viver tão pressionado, preciso de privacidade também. Quero poder conversar com meus amigos, fazer as coisas de que gosto. Acho que ela nunca vai entender isso. Por isso, tive que me separar. Estava me anulando, adoecendo" (fala do marido daquela família que fazia tudo junto, que começou a se rebelar indo ao futebol).

"Será que sou tão frágil a ponto de não poder superar a perda das migalhas que essa relação falida me propicia?" "E talvez eu possa lidar com essa questão financeira" (outro paciente, referindo-se a um significativo empobrecimento financeiro).

A pessoa, então, deixa de lado o olhar míope do medo e faz uma avaliação mais realista sobre as condições e competências que possui para superar as perdas e, às vezes, até tem a noção de que talvez o ganho compense.

Portanto, na etapa da recuperação pós-separação, a postura nos relacionamentos começa a se reconfigurar, tanto no que se refere às crenças culturais engessadas, quanto à reprodução desse modelo fusionado, que exclui preferências e necessidades individuais.

Gostaria de acrescentar, mesmo sem aprofundar, que a resolução da dependência do ex-cônjuge, que estamos abordando aqui, reverbera positivamente no funcionamento relacional da pessoa em geral, não ficando restrito esse ganho à relação de casamento. Isso porque trata-se de uma aprendizagem que se estenderá aos demais relacionamentos. Quando alguém aprende uma forma nova e mais funcional de se comunicar, de se relacionar, essa novidade que passa a existir no seu repertório de comportamento pode ser transferida com relativa facilidade de uma área da vida para outra. Assim, se um comportamento novo traz benefícios no trabalho do indivíduo, esse mesmo comportamento pode ser experimentado na área afetiva, por exemplo.

Uma paciente em psicoterapia, trabalhando questões ligadas à sua separação, disse: "Nossa, percebi quando conversava com minha amiga que estava esperando que ela me dissesse o que fazer... Agora estou pensando que ela nem é tão resolvida assim, mas, sempre, nas nossas conversas, ela ficou como a dona da verdade e eu quase grata por isso"; era uma paciente que vivia um casamento fusionado no qual o marido era quem sabia das coisas, quem sempre orientava ou decidia por ela.

Posteriormente essa mesma paciente disse: "Falei novamente com aquela amiga e dessa vez me senti muito melhor, parecia que estava trocando ideias com ela, sem esperar que me orientasse..."

Considero esse ganho inestimável. Iniciar essa nova etapa de forma saudável e positiva implica perceber o sabor agradável da independência, da autonomia, permitindo, ou até mesmo exigindo, que as prioridades individuais voltem aos relacionamentos , alternadas com a construção e preservação da cultura e necessidades comuns a duas pessoas ou grupos. Para tanto, repito, é necessária a separação emocional, no que se refere a essa dependência viciada do ex--cônjuge.

No acompanhamento de pacientes pós-separação, percebi que para muitos existe um momento (quase um *insight*) em que a ilusão de amparo se desfaz. É quando finalmente se perde a ilusão de estar amparado para sempre dentro de um vínculo amoroso. É uma reação bem diferente do que acontece na fase da crise, em que surge a dúvida sobre a qualidade da relação e do que o parceiro propicia. Aqui, a pessoa começa a deixar de ver o outro como o porto seguro. É a partir dessa perda da ilusão de amparo garantido pelo casamento que a separação emocional começa a ocorrer de fato.

Um aspecto importante na resolução da dependência do casamento é entender que, uma vez que o outro costumava ser percebido como o porto seguro, é natural que a perda dessa referência gere um sentimento de orfandade. Sim, como a perda de uma figura paterna ou materna que supria, protegia.

Ilustrando isso, uma paciente em psicoterapia relatou que: "Estou me acostumando aos poucos a resolver minhas próprias coisas.... Sem precisar sempre sentir que tenho a aprovação, quando não o consentimento dele. Já não me sinto tão desprotegida como me sentia logo após a separação". Parece ou não que falava de uma figura paterna?

No intuito de ilustrar melhor o que quero transmitir, retomo o exemplo que abordei anteriormente, no tópico sobre resistência à separação por medo de prejuízos. Lembram daquele homem que tanto temia não ter mais a esposa organizando tão bem a casa? Esse mesmo homem pôde experenciar a novidade de não ter mais alguém "pegando no pé com organização" (expressão que ouvi do mesmo posteriormente), o que logo lhe pareceu uma bênção. E para aquela mulher que não queria perder o marido tão disponível que fazia as compras, poder viver uma nova fase em que ela faz a feira ou supermercado com autonomia, escolhendo o que quer comprar, sem o crivo do marido, pode ser libertador.

Num processo de psicoterapia individual, acompanhei uma mulher que, no início da nova vida após a separação, relatava com muita angústia e tristeza como era difícil chegar em casa e não ter para quem contar sobre seu dia. Dizia sobre o ex-marido: "Ele me ligava várias vezes ao dia para saber como estavam as coisas ou para contar algo do seu próprio dia... Agora não tenho mais quem se importe comigo". Decorrido um tempo de separação e trabalho psicoterápico, passou a dizer que: "Na verdade, eu me sentia controlada por ele naquelas ligações telefônicas... Quando eu não atendia o celular ou não respondia as mensagens, ele ficava bravo, desconfiado, com ciúmes... Ao anoitecer, esse compartilhamento do que aconteceu durante o dia muitas vezes era tenso, porque eu recebia críticas dele e ia dormir chateada". Relatou também: "Estou aprendendo a pensar sozinha nos acontecimentos do meu dia, a não ter o marido dando sua opinião, conversando comigo... Quando sinto muita vontade de ter a opinião de alguém sobre algo, ligo para os amigos. Venho notando em mim uma tranquilidade muito boa de sentir".

Retomando mais uma vez o paralelo com o vício, quando ocorre a fissura diante da ausência do outro nesse processo de libertação da dependência, (sentir muita falta, saudade insuportável), o que pode ajudar é tentar compreender o que realmente falta, tentar clarear que necessidade é essa e se, de fato, o outro ainda a supria (ou se apenas existia a lembrança disso, lá das fases iniciais boas do casamento).

Algumas perguntas podem facilitar a compreensão da dependência: O que está me faltando agora? Preciso de alguém que me faça companhia, que me admire, que me deseje, que me respeite, que me proteja, que cuide de mim? Eu tinha isso no meu casamento? Tinha no início? E no final?

Uma reflexão assim, mais cuidadosa, pode levar ao entendimento de que o casamento terminou porque na verdade já não supria essas necessidades, ou que o relacionamento poderia estar sendo mantido em uma dinâmica de atenção negativa, predominando a crítica, a rejeição e o desrespeito.

Eis outra fala recorrente em meu consultório: "Tudo era melhor no início do casamento, quando o desejo, a admiração, os cuidados e o respeito se faziam presentes. Mas depois, tudo mudou".

Ou pior: "Estou descobrindo que nunca tive de fato respeito, carinho e admiração por parte da minha esposa, talvez algumas migalhas disso..." (fala de um paciente recém-separado, em psicoterapia).

Quero, com isso, ressaltar a necessidade de entender como as inseguranças poderiam estar ancoradas nessa relação, que desejos são esses? Que prazer advinha desse contato com o parceiro? O que era real, acontecia mesmo? O que era ilusório?

E, na continuidade do processo de recuperação pós-separação, se as inseguranças, os desejos e as carências poderiam ser supridos de outras formas, mais autônomas e saudáveis.

Muito importante ainda nesse processo de recuperação da dependência, nessa nova etapa da vida, é libertar-se do avesso do que acabamos de ver, ou seja, da "fissura" ao contrário, caracterizada pelo desejo de cuidar do outro, de querer aconchegá-lo, ampará-lo, resolver os seus problemas.

Lembram quando vimos lá atrás o hábito de cuidar do outro? Cabe aqui, no intuito de superar mais essa dificuldade, entender o que é esse desejo, de onde se origina no seu funcionamento subjetivo. Pode ser, por exemplo, como ficou claro no trabalho com um paciente em psicoterapia pós-separação, a necessidade de sentir-se importante, ou mesmo imprescindível, para a esposa, na medida em que percebia o quanto ela dependia dele. E esse paciente, ao se perceber útil, importante, até necessário para essa pessoa, redimia-se de culpa, pois se sentia uma boa pessoa, generosa e, portanto, digna de perdão por quaisquer erros cometidos.

Será que essa necessidade de uma autoimagem positiva, que inclui generosidade e o sentimento de ser importante e necessário para outros, poderia ser obtida de outras formas? O que cada um poderia fazer para se sentir útil nesse mundo, para dar significado à sua vida? Essas reflexões podem abrir portas libertadoras em relação à dependência.

Salientando que, como vimos nos vícios, é a abstinência que leva à superação das "fissuras" e, portanto, da dependência. Se faz necessário, então, um real afastamento da droga que, no contexto que estamos tratando, significa deixar de ter contato com o(a) ex-companheiro(a).

Ressalto aqui que, para que esse afastamento, essa abstinência do ex-cônjuge, de fato ocorra, pode ser necessário um trabalho psicoterápico, visto que esse contato viciado (mesmo que negativo) costuma ser resistente à mudança.

A boa notícia é que, sendo trabalhado, esse forte impulso de procurar o outro após a separação para confidenciar, dividir frustrações, ser compreendido e apoiado (ou para cobrar, brigar, responsabilizar o ex-cônjuge) vai diminuindo, dando lugar a um funcionamento emocional mais autônomo e independente, o que traz enorme satisfação.

Pude concluir, em muitos casos, que ocupar-se das demandas do outro e dos conflitos do relacionamento era uma estratégia de defesa da pessoa para não ter que se ocupar de suas próprias dificuldades, para não ter de se responsabilizar pelo seu próprio processo de crescimento, de evolução pessoal.

Assim, a separação, que implica não cuidar mais das demandas e dos conflitos daquele vínculo, traz o olhar do indivíduo para si mesmo. Agora, no caminho da independência, a pessoa tem de arrumar seu mundo interno, o que é um ganho inestimável, sem o qual nenhum relacionamento terá qualidade.

Nessa conquista da liberdade, podemos observar a delícia de usufruir da independência, assumindo seu espaço nessa nova vida.

7.3.2. *Crescimento da Autoestima (Dignidade, Responsabilidade, Outro Parceiro)*

Para abordar a recuperação da autoestima, responsabilidade e dignidade pessoal após o término do casamento, preciso começar falando da aceitação da perda. Sim, é necessário admitir a tal da carência, assumir que a saudade aperta, que o aconchego faz falta, que dividir demandas alivia.

Observei, nos meus atendimentos, que muitos pacientes tentavam negar esses sentimentos, o que impedia a elaboração da perda e aprisionava a pessoa num falso "Estou bem, foi melhor assim" ou "Eu mereço coisa melhor" ou "Não preciso de ninguém".

É a típica estratégia de passar o carro na frente dos bois, isto é, de fingir para si mesmo e para os outros que já está tudo superado e resolvido, quando ainda nem se passou pelo processo de luto, de elaboração da dolorosa ruptura vivida, muito menos da superação da dependência viciada, que acabamos de ver. Para que haja a verdadeira recuperação da autoestima, é preciso passar pela dor da perda, ou melhor, ultrapassá-la para, aí então, poder se sentir bem, pleno, resolvido.

Quando a pessoa se permite sentir a dor da falta, chorá-la e falar a respeito, surpreendentemente começa a perceber que esses sentimentos perdem o vigor, porque a superação só é possível quando se encara o que dói (aquilo que vai para baixo do tapete, mesmo que escondido, negado, continua lá).

Além disso, ao encarar esses sentimentos, no movimento consciente de pensar ou falar (sem negar) sobre o que lhe falta, a pessoa consegue perceber, por exemplo, que aquilo de que sente saudade já não existia na relação há um bom tempo (lembrando o leitor que estamos falando aqui dos casamentos falidos). Assim, pode concluir que o aconchego já não fazia parte da cena do seu casamento e ter essa clareza facilita a elaboração da ruptura e das perdas decorrentes dela, até porque não se pode perder o que não se tem. De fato, algumas faltas vivenciadas nessa fase, acabam, inclusive, perdendo a conotação de perdas atribuídas à ruptura do casamento.

Preciso retomar aqui o conceito de desamparo, expondo-o da forma que o vejo, isto é, o desamparo inerente à condição humana, que é camuflado e não resolvido pelo casamento.

Nessa etapa de recuperação, é importante que comece a ficar claro que a carência, ou seja, o tal do desamparo, continuava presente durante o casamento, só estava anestesiada, camuflada pela ilusão de fusionamento com outro ser humano, por isso não era expressamente manifesta nem consciente na maior pare do tempo (geralmente porque as poucas vezes que a carência mostrava sua presença durante o casamento, incomodava mas era empurrada para o almoxarifado).

Essa clareza, aliada à aprendizagem da administração desse desamparo, contribuirá fortemente para o fortalecimento da autoestima, passando pela resolução da dependência. (abordarei mais detidamente o desamparo logo adiante, no tópico sobre ressignificação da solidão).

Posteriormente, após vivenciar sem negar a dor e a carência, se faz necessária a recuperação de uma autoimagem positiva, uma nova percepção de si mesmo, não mais vinculada à rejeição do parceiro, o que significa começar a se ver pelos próprios olhos e não pelo olhar rejeitador ou acusatório do parceiro ou pela visão externa, culturalmente engessada. É uma fase de reconstrução da identidade desvinculada da percepção do outro, que até recentemente era a avaliação mais importante.

Também contribui para essa autoimagem renovada e positiva o olhar externo de novos contatos. Sim, porque a visão de antigos amigos ou familiares que se mostram penalizados, só reforça a vitimização. Nessa nova etapa, quando o indivíduo busca novas pessoas para compartilhar atividades, lazer, prazer, alegrias, o retorno externo é de outro naipe, podendo incluir valorização, admiração, troca; é um contato salutar, sem a fixação depreciativa na recente mudança do *status* de casado para solteiro.

Dessa forma, a pessoa não estará sendo vista apenas como um recém-separado ou, numa linguagem interiorana, "largada do marido" (expressão muito utilizada no interior do estado de São Paulo para se referir à nova condição de uma mulher separada, e que considero interessante e forte, no sentido desqualificativo), mas sim percebida como um todo, incluindo suas potencialidades, e até valorizando a liberdade e os ganhos advindos do novo *status* de solteiro.

Claro que, quando a segurança pessoal se renova e o posicionamento da pessoa não é mais de vitimismo ou revolta, a repercussão externa reage de acordo e muda a percepção de familiares e antigos amigos, que até então demonstravam piedade. A partir daí, ocorre uma reconstrução da imagem externa que impacta diretamente o indivíduo, mas dessa vez de forma positiva com o retorno de um olhar externo mais respeitoso, modificando a percepção de si mesmo e consolidando essa autoimagem renovada, reforçando sua segurança.

É sabido que alguém com uma autoimagem positiva tem maior poder de atração, pois a segurança e a noção de que tem o que oferecer ao outro estão presentes, o que abre espaço para a possibilidade de desejar e de se abrir para novas aproximações amorosas, efetivando o real desinvestimento afetivo-amoroso na relação antiga. Lembram quando metaforizei o ioiô? Então, estando pleno, livre e seguro, o indivíduo pode querer buscar novos envolvimentos, ou não (ressalto que uma nova busca amorosa não é uma necessidade, é apenas uma opção).

Observei muitas vezes, na prática clínica, pacientes manifestando o desejo de ficarem um tempo sós, livres, o que também é perfeitamente legítimo e saudável.

Quando nasce o desejo de encontrar outro par amoroso, para que essa procura seja frutífera, será necessário que a recuperação da autoestima já esteja bem encaminhada. Sim, porque alguém ainda muito carente e inseguro terá grande dificuldade para estabelecer um novo relacionamento satisfatório. O que mais frequentemente ocorre com uma pessoa insegura, ao buscar um novo par, é que vivencie uma sequência de tentativas frustrantes, que só reforçarão a autoimagem negativa. Pode até ser que inicie e mantenha um novo relacionamento amoroso, mas será disfuncional, repetindo um drama já conhecido.

Com relação à dignidade, o que normalmente acontece é que a pessoa deixada passa a cobrar do(a) ex-companheiro(a) que pediu a separação o cumprimento do compromisso outrora assumido, ou pior, começa a mendigar amor em nome dos bons tempos vividos.

Em alguns casos, joga para o ex-parceiro a obrigação de conter e cuidar do seu sofrimento, por entender que ele é o responsável por sua dor.

Nesses movimentos, o que vai para o brejo é a dignidade do mendicante ou do acusador. Sim, porque quem mendiga se sente e é visto como inferior, carente, frágil, e quem acusa é percebido como revoltado, desesperado, e realmente se sente dessa forma. Obviamente que, assim, se perde a dignidade.

A fala de uma paciente num atendimento ilustra o que estou procurando mostrar: "...É, eu já pedi várias vezes a ele que reconsidere, que lembre de tudo o que vivemos, tudo que fiz por ele, e não adianta... E o pior é que quando falo sobre isso com ele, me sinto muito mal, rejeitada, me acho tão insignificante... Não quero mais me sentir assim..."

Aproveito para ressaltar que a vitimização também pode aparecer no formato da fala revoltada, inflada pela raiva e pela indignação. Várias vezes me deparei com conteúdos nesse formato em sessões de psicoterapia. São falas como: "Isso não vai ficar assim, quem ele pensa que é? E tudo o que me prometeu? Ele que espere, vai só ver o que vou fazer". E outro paciente: "Ela precisaria me devolver tudo o que me deve. E algumas coisas nem tem como, tipo as paisagens que lhe proporcionei nas viagens, as vezes que cuidei dela quando precisou...". São falas que podem soar absurdas, mas que são carregadas de emoção e de verdade para a pessoa que as declara.

Para recuperar a autoestima no pós-separação, esse tipo de atitude vitimada ou revoltada, detonadora da dignidade, precisa ficar para trás, e muitas vezes para que isso aconteça é importante um processo psicoterápico, porque sozinho e aprisionado num funcionamento, ou numa relação que foi pautada pela dependência, pode ser muito difícil mudar.

No entanto, para quem está vivenciando algo semelhante sem o acompanhamento de um terapeuta, a conscientização e compreensão desse funcionamento pode ser de grande auxílio para a recuperação.

De qualquer forma (seja buscando psicoterapia ou se informando e refletindo num processo de elaboração mais solitário), ultrapassar essa estação de perda da dignidade é fundamental nesse percurso.

Ainda dentro desse processo de restauração da autoestima, faz parte aceitar os próprios limites e a decorrente responsabilidade pessoal na deterioração e ruptura do casamento. Sempre existe a participação dos dois, quando não também da família de origem de um ou de outro no término da relação. Daí que, para superar efetivamente a dor da perda e elaborar a culpa e o sentimento de fracasso, é necessário aceitar a parcela de responsabilidade pelos próprios erros, omissões, pisadas de bola durante a vida em comum. Isso também vai auxiliar muito na resolução do processo de vitimização. Afinal, se assumimos que somos responsáveis ou corresponsáveis por determinado fracasso, saímos da posição de vítima submetida a ele.

Além disso, ao assumirmos que temos limites, que somos falíveis ou que erramos nas nossas escolhas, ficamos mais fortes, mais livres, porque, o caro leitor vai concordar comigo, não tem aprisionamento pior do que ter que ser perfeito, não poder errar. E, quando a pessoa sempre coloca a responsabilidade total no outro (sabe aquela pessoa que nunca admite que está errada?), além de se tornar alguém desagradável, vai continuar sendo imatura.

Então, ao aceitar a perda, trabalhar a reconstrução da imagem externa, recuperar a dignidade e assumir a responsabilidade na separação, o crescimento da autoestima é possibilitado no final dessa trajetória.

7.3.3. Ressignificação da Solidão

Como já abordei, no processo de separação conjugal a solidão costuma ser identificada com o medo do desamparo, no sentido mais amplo da palavra, não somente ligado ao concreto (perda de casa, patrimônio, situação financeira), mas também o desamparo emocional.

Assim, vem a dor da ruptura do vínculo, trazendo à tona sentimentos primitivos e dolorosos de abandono, desproteção, muitos deles vivenciados precocemente, quando bebês ou em outros momentos da primeira infância, podendo ser portanto inconscientes.

Como essas experiências anteriores costumam ser pesadas, sofridas, o indivíduo evita a todo custo sentir-se assim novamente. O medo de repetir uma dor conhecida pode ser a origem da resistência que faz postergar por tanto tempo a separação. Quando esta ocorre e a pessoa se vê afundando nesse poço do desamparo, é fundamental que ocorra o resgate pela ressignificação da solidão.

O processo de resgate passa pela correção do equívoco de associar a solidão com o desamparo.

O desamparo é inerente à condição humana. Somos seres mortais e frágeis. O nascimento e o corte do cordão umbilical nos joga em um mundo externo ao ventre materno, em que já não estamos fusionados a outra pessoa. E, nesse mundo ao qual somos lançados, temos que respirar sozinhos, o que literalmente dói.

Logo após termos perdido o Shangri-La uterino, em geral ainda gozamos do aconchego na amamentação, numa relação íntima com a mãe, que continua a nos suprir também emocionalmente. Ainda nos percebemos fusionados a essa figura materna (da qual, no início, nem conseguimos nos distinguir, como se a mãe fizesse parte de nós). Mas logo perderemos tanto a ilusão de fusionamento com a mãe quanto a nutrição acolhedora no seio materno, diminuindo muito nossa vivência de intimidade.

Ainda crianças, mas um pouco mais desenvolvidos, entendemos que esse contexto externo, que é o nosso agora e para sempre, é repleto de riscos e perdas, muitas inevitáveis, e que teremos de dar conta de tais riscos e perdas.

Não demorará muito para que também experimentemos a perda do colo, quando aprendemos a andar, e não tenhamos mais a comidinha na boca, depois que conseguimos manejar os talheres. O leitor com certeza conhece bem essa história (por experiência própria dentro do que a memória lhe permite recordar e pelo relatos dos pais, ou enquanto pai/mãe na criação dos próprios filhos, e também como observador de outras pessoas com filhos).

Essa sequência de diminuição da dependência dos outros e, claro, ganho da própria independência, pode ser experenciada como perda, como ganho ou como uma mescla dos dois, dependendo de cada história, principalmente de como os pais lidam com esse amadurecimento e independência do filho.

Nesse caminho para a independência, será recorrente a alternância, com o retorno em busca do porto seguro perdido, da dependência, portanto. Isso ocorre, por exemplo, na ambivalência da criança no que se refere a desejar independência e também a dependência, querer ser autônomo e por vezes exigir cuidados da mãe que nem seriam mais necessários.

Também fica evidente, com mais força e emoção, na dinâmica do adolescente (que quer ser criança ou adulto conforme a conveniência). No entanto, essa confusão entre dar conta sozinho e querer se apoiar no outro, se faz presente de diferentes formas durante toda a vida.

Em algumas famílias, o foco desse desenvolvimento infantil para os pais é o ganho da independência e não se mostra pautado por rejeição (porque é diferente incentivar autonomia de querer que a criança não dependa por não suportar supri-la, o que caracteriza rejeição), então a criança não interpretará esse impulso para a autonomia como abandono, e se sentirá mais forte, mesmo que esteja mais por conta própria nas demandas que vive.

Nas famílias em que predomina a rejeição, com o disfarce do impulso para a autonomia (quando os pais impulsionam para a vida e autonomia, mas porque querem se livrar do peso da dependência do filho), então a interpretação do filho será de abandono e o sentimento será de dor e revolta.

Essa segunda forma de dinâmica familiar é disfuncional e, com certeza, remeterá, com mais intensidade, ao sentimento de solidão e desamparo, que se tornará uma cicatriz emocional.

Preciso enfatizar aqui, correndo o risco de ser repetitiva, que o sentimento de desamparo que embasa a dor da solidão é inerente ao ser humano, não importa, portanto, se a família de origem do indivíduo é funcional, saudável emocionalmente ou disfuncional, com características patológicas, o sentimento individual de desamparo será inevitável e terá de ser elaborado. A diferença reside na facilidade ou dificuldade para administrar isso e no grau de sofrimento menor ou maior, dependendo da profundidade da cicatriz, que pode ser mais extensa e profunda em alguns casos, dependendo do trauma vivido.

Quando, então, a criança se torna adulta, o encontro do par amoroso e o enlace com ele tende a atenuar e camuflar a sensação de desamparo, mas não a resolve tampouco a elimina. Ela apenas acreditará que encontrou novamente um porto seguro na fusão com outro ser humano, sensação que havia perdido desde o nascimento. Não terá que encarar o sentimento de desamparo nessa fase.

No entanto, quando ocorre a ruptura com o par amoroso, o sentimento de estar à deriva ressurge das cinzas.

Espero, com essa explanação, ter conseguido clarear para o prezado leitor que a separação e a consequente solidão não criam a sensação de desamparo (chamada frequentemente de carência). Ela sempre esteve presente, mesmo quando escondida no almoxarifado.

A questão é que estar só nos faz tomar consciência do desamparo, mas o desamparo, repito, não é fruto da solidão, ela só o escancara. E, quando fica em evidência, esse sentimento precisa ser trabalhado no mundo emocional.

Esse trabalho, essa aprendizagem da administração do sentimento de desamparo, passa necessariamente pela aceitação desse sentimento como condição inerente à nossa natureza humana.

Aceitar consiste em não negar essa sensação, não fugir dela, não anestesiá-la. Quando a negamos, ela não desaparece. E temos de ficar atentos, pois existem vários mecanismos de negação.

Podemos, por exemplo, esquecer que nos sentimos desamparados. Isso é possível através de um mecanismo de defesa chamado repressão, acionado pela nossa psiquê quando a ansiedade e a angústia ficam insuportáveis. Então, o sentimento vai para o nosso almoxarifado inconsciente, mas continuará nos assombrando em sonhos, doendo em angústias inexplicáveis para nós.

Quando negamos o desamparo por meio da euforia, da correria atrás de novidades, de não ter tempo para pensar, a sensação de desamparo permanece camuflada, mas reaparece em cada intervalo, em cada parada obrigatória que fazemos nessa vivência acelerada, e também dói, nos obrigando a retomar a vida atribulada, quando não fissurada (o que me faz lembrar dos versos da música "Mundo Maluco" de Moacyr Franco: "Não, não posso parar, se eu paro eu penso, se eu penso eu choro...").

E quando negamos o sentimento de desamparo anestesiando-o com o uso de álcool ou outras drogas, incorrendo em compulsão alimentar, compulsão sexual, vicio em jogos ou gastos compulsivos com compras, evitamos temporariamente a dor, mas com o agravante do provável desenvolvimento de uma patologia que implica dependência, vício, e por vezes dificuldades financeiras, gerando um sofrimento de outra espécie e de difícil tratamento.

Portanto, prezado leitor, a melhor saída é encarar e aprender a lidar com o nosso inevitável desamparo. Muitas vezes será necessário auxílio psicoterápico para tanto.

Espero ter conseguido expor claramente o meu entendimento sobre esse tal desamparo comumente chamado de carência e a sua potência emocional na ruptura do casamento.

Resumindo, quando alguém encontra o par amoroso e se casa, o sentimento de desamparo e o medo da solidão ficam camuflados, escondidos, em *stand by* ou, na melhor das hipóteses, atenuados (o que implica alguma consciência de sua existência), esperando para ressurgirem durante uma crise, que, na maioria dos casos que acompanhei, ocorre durante o processo de separação (excluindo enlaces em que não houve de fato a construção do vínculo amoroso ou casos em que há uma paixão fora do casamento, ou seja, em que já existe outro objeto de amor).

Por isso, quando ocorre a ruptura do casamento, o grito desesperado do desamparo, com o qual não aprendemos a lidar, pode ser enlouquecedor.

Logo, conscientes do nosso desamparo e de que não é possível extirpá-lo, tudo o que podemos fazer é amadurecermos e aprendermos a administrar esse sentimento, essa realidade. Aí está a essência da ressignificação da solidão pós-separação, da qual tratamos aqui e que implica a resolução do equívoco: solidão =desamparo.

A boa notícia é que, numa vivência de separação, somos obrigados a lidar com isso, ou amadurecemos e aprendemos a conviver com o inevitável, a nossa fragilidade humana que inclui a solidão e o desamparo ou ficamos neuróticos para sempre.

7.3.4. Reinterpretação da Separação

Para muitos que se separaram, o que gera sofrimento, paralisação e atrapalha a recuperação é a interpretação negativa da ruptura.

Estou me referindo ao significado já pronto no sistema de crenças, valores e preconceitos de cada indivíduo em relação ao término de um casamento e ao novo *status* de separado.

A reinterpretação da separação é necessária, portanto, para a elaboração da ruptura.

No capítulo três, sobre as resistências diante da separação, abordamos as crenças construídas pela cultura familiar e social (os preconceitos, a importância da fotografia da felicidade, a perda de *status*) e como elas interferem na decisão de término do casamento. Precisamos retomar essas informações aqui, transportando-as para a interpretação da separação.

Poderemos entender, assim, o significado dessa nova condição de vida para o separado, como ele se vê após a ruptura do casamento e como acredita que os outros o veem.

Qual é a imagem social da pessoa separada? Não será esta imagem uma construção social, muito bem elaborada pela cultura familiar e social na qual a pessoa está inserida?

Essa análise precisa passar por várias indagações como: que preconceitos a pessoa internalizou sobre a separação (fracasso, incompetência, piedade externa), o quanto acredita que perde da fotografia da felicidade (separação sendo entendida como infelicidade, com exposição social negativa) e que peso tem a visão externa da perda de *status* (que no formatado pelas crenças culturais gera desqualificação social).

O que significa a finalização de um casamento? Lembram quando vimos, no capítulo Casamento e Crise, o significado emocional do casamento? Quando perdemos qualquer coisa na vida, a dor da perda será proporcional ao significado e ao valor que tal coisa tinha para nós. Portanto, o significado emocional do casamento para a pessoa que se separou é o determinante do sentimento da perda e interferirá na reconstrução da nova autoimagem enquanto separado. Estamos diante da interpretação da separação.

A modificação de uma interpretação tão solidamente construída, embasada pela visão social e familiar, dá trabalho, é difícil, mas é necessária para a recuperação pós-separação. Será preciso desconstruir preconceitos e crenças, reavaliar o significado do casamento e do *status* de separado para reconfigurar, de uma nova forma interpretativa, o final de um casamento e o início da nova etapa da vida.

Já ouvimos muito a expressão "solidão a dois". Ela mostra que o outro não tem como resolver nem como suprir sempre a nossa solidão. É uma referência ao desamparo oculto que, por ser inerente à

nossa condição humana, às vezes dá um grito e tenta sair do escon-
derijo durante o casamento... E podemos incluir aqui até mesmo os
melhores casamentos.

É a nossa crença, culturalmente construída, que nos faz apostar
nisso. Compreender na fase de recuperação pós-separação que o casamento não é o bálsamo mágico que resolverá para sempre nosso
desamparo e solidão modificará a interpretação da separação, sendo
importante no encaminhamento de uma dinâmica emocional mais
saudável e autônoma, que instrumentalizará o indivíduo, inclusive
num possível casamento posterior.

Nessa etapa é de grande auxílio o questionamento reflexivo sobre
a origem desses sentimentos. Sim, sobre a origem: Esse sentimento é
mesmo meu ou foi herdado? Estou aqui me referindo a uma herança
cultural na linha do "é impossível ser feliz sozinho" da música de Tom
Jobim. Essa herança é transmitida pela Literatura, nas músicas, em
filmes, e principalmente pela família de origem e pelos amigos, e tem
uma força gigantesca na formação do sistema de valores e crenças de
cada indivíduo. Lembrando aqui que o sistema de valores e crenças
de cada pessoa tende a ser extremamente resistente a mudanças.

É muito provável que esse indivíduo que, após a separação, está
se sentido solitário e desamparado, conseguirá, por meio desse questionamento, perceber que essas crenças foram construídas pela sociedade e repassadas constantemente por vários canais ao longo de sua
existência.

Tornando-se mais seguro e autônomo nessa análise, poderá perceber que ainda (no momento atual) é bombardeado por essas crenças
e esses preconceitos, através de mensagens veladas, ou até mesmo
explícitas, de alguns conhecidos, amigos e familiares (felizmente não
de todos).

Numa evolução dessa análise, poderá se deparar com o surgimento de outras perguntas como: Será que o sofrimento do solteiro (por
estar só) é maior que o do casado (que vive os conflitos e as concessões inerentes à parceria conjugal)? E poderá concluir que todos

sofremos, que só muda o tipo de sofrimento inerente à cada escolha e tipo de vida e de relacionamentos.

Ainda nessa reinterpretação da solidão pós-separação, entra outra questão: Quanto você precisa de convivência? Isso mesmo. Será que você necessita de alguém sempre ao seu lado com disponibilidade absoluta? Será que também gosta de sua privacidade, de estar só consigo mesmo? Quanto? Que relacionamentos suprem sua carência?

Essas questões podem suscitar uma reflexão que contribuirá para uma construção subjetiva da sua necessidade de convivência, que provavelmente é diferente da propagada pela cultura em que vive, na medida em que cada indivíduo é único.

Quando Greta Garbo impactou o mundo com a frase: "I want to be alone", o choque ocorreu porque essa frase, "Eu quero ficar sozinha", vai contra a corrente e é chocante justamente por não estar de acordo com o senso comum. Posteriormente, ela parece ter reformulado, afirmando que só havia dito que "queria ficar em paz". Não se sabe ao certo se sua fala foi mesmo distorcida ou se ela não aguentou a pressão do impacto do que disse.

Num aprofundamento ainda maior dessas reflexões que aqui proponho, a pessoa pode acabar concluindo que a insatisfação também faz parte da natureza humana. Assim, alguém comprometido, dentro de um bom casamento, poderá se sentir, em alguns momentos, sobrecarregado, aprisionado. E alguém sem engajamento familiar, bem resolvido, com vida plena, às vezes pode se sentir só, sem ter com quem contar. Então, o casado pode invejar a liberdade do solteiro e o solteiro desejar o "porto seguro" do casado. Nunca teremos tudo e sempre aspiramos o que não temos. Simples assim.

Gostaria de destacar que, em muitos casos que acompanhei, o medo do desamparo e da solidão foi reforçado por vivências traumáticas. Nesses casos, em que não se trata somente da herança cultural e do corte do cordão umbilical ao ser lançado sozinho ao mundo, mas também de uma vivência particular e pesada de ruptura ou rejeição, fica mais difícil superar numa nova experiência de perda, como a separação, o ressurgimento da dor do desamparo.

Experiências traumáticas desse gênero podem ter sido decorrentes de vivências primitivas e dolorosas de abandono e desproteção, com pais, irmãos e até com outros familiares abusivos e rejeitadores ou também podem ser fruto de experiências posteriores com relacionamentos amorosos infelizes e por vezes sádicos, desqualificativos.

Com muita frequência, a pessoa com esse tipo de vivência precisa recorrer a um trabalho psicoterápico para elaborar esses traumas, ou procurará repetir um relacionamento fusionado, disfuncional, para tentar aliviar essa dor. Nesses casos, a reinterpretação da separação de forma positiva e mais realista não será possível sem essa elaboração prévia.

Nessa busca repetitiva por outro par amoroso para driblar a solidão e esconder o desamparo, tanto a fissura da procura movida por um comportamento viciado quanto o encontro de um novo par, que resulta em outro relacionamento fusionado ou em um relacionamento abusivo são movimentos difíceis e com nuances patológicas.

Assim, a interpretação da separação sob a luz do processo psicoterápico precisa iluminar os traumas vividos anteriormente, cicatrizar as feridas emocionais, para só então possibilitar a mudança de interpretação dolorosa da ruptura do casamento.

A nova interpretação da separação se configura integrando praticamente toda a elaboração envolvida no processo de recuperação, numa reconstrução de significado.

Resumindo, essa reinterpretação passa pelo amadurecimento e aprendizagem para administrar a nova etapa da vida, ressignificando a solidão, percebendo a liberdade e o prazer que ela pode propiciar. Exige a superação da herança cultural engessada e a elaboração de traumas anteriores. Inclui ainda a melhora da autoestima, a resolução da dependência e a recuperação da autonomia e dignidade, que já abordamos, ou seja, a construção da nova interpretação do *status* de separado, é um processo que abrange muito do que vimos no decorrer deste livro sobre as dificuldades diante da ruptura do enlace matrimonial.

Espero que essa rápida síntese que acabei de fazer sobre o processo de recuperação pós-separação como um todo faça o prezado leitor considerar como parece trabalhosa essa fase (Ufa!!!). E de fato é. Exige um denso trabalho mental com custosas e por vezes difíceis elaborações. Como tudo que vale a pena, é fruto de muito trabalho. Mas o que nessa vida que é realmente importante não é custoso e difícil de ser conquistado e mantido?

8. Considerações Finais

Embora o presente livro trate da crise no casamento e da separação com o intuito de abarcar tanto os aspectos envolvidos na superação da crise para manter o vínculo quanto a resolução das dificuldades no processo de rompimento, o leitor deve ter observado que me detive muito mais no processo de ruptura e posterior recuperação emocional. Embora eu acredite fortemente na premissa de que "é melhor consertar do que descartar", ainda mais diante da cultura contemporânea do descartável, que tem se estendido para as relações humanas, é preciso saber admitir que, infelizmente, às vezes não é possível reparar uma construção que está desmoronando e, nessas situações, precisamos abrir mão do que tínhamos, aceitar que se quebrou, que a vida útil acabou ou que não nos serve mais.

O meu trabalho clínico me permitiu observar que, quando o vínculo do casal é forte, o prognóstico é positivo e provavelmente o final da história será a saída da crise e a manutenção do casamento, mesmo que para isso seja necessário um processo de psicoterapia (que será então um trabalho psicoterápico mais fluido e eficaz).

Nesses casos, não costuma ocorrer uma longa patinação e a crise não se torna crônica.

Já quando o vínculo além de disfuncional é precário, a patinação na crise costuma ser muito longa e sofrida, com tendência a se tornar crônica e se manter inclusive após a separação. Frequentemente, mesmo com tratamento psicoterápico, as dificuldades não são superadas.

Entendo, portanto, que esse último é o grupo que, por ficar aprisionado no sofrimento emocional, sem resolução da crise, precisa de maior auxílio por parte dos profissionais da área da saúde e de maior continência por parte dos grupos sociais e familiares.

Como já vimos, as informações são muito preciosas para auxiliar no processo de elaboração e saída da patinação na crise (até por gerar identificação), e informar sobre a complexidade emocional da crise e da separação de casais é um dos principais objetivos deste livro.

Estou me dirigindo a um grupo enorme de casais que por muito tempo não ata nem desata e, mesmo após o divórcio, tem dificuldades para lidar com a separação emocional, o que impede o des-envolvimento individual. Todos sabemos do grande número de divorciados que há em nossa sociedade e que muitos não se recuperam realmente após a ruptura do casamento.

É importante acrescentar ainda que a aceitação cultural da separação vem abrindo caminho lentamente, que ainda é recente um olhar mais natural e receptivo, livre de preconceitos para com o separado, seja na família, na religião ou na sociedade como um todo, sendo que, nos grupos mais conservadores, essa aceitação ainda engatinha ou nem isso.

Ressalto que até os trabalhos de psicoterapia de casal são buscados geralmente com o único objetivo de recuperar o casamento. Só que na prática, em muitos casos em que o vínculo está extremamente roto e gerando muito sofrimento, a única possibilidade é trabalhar a separação.

Dessa reflexão acima deriva, portanto, a justificativa de um espaço maior deste livro ter sido dedicado às resistências, à aceitação e elaboração do processo de separação, do que para a recuperação do vínculo matrimonial.

Convido agora o leitor a responder: Será que o final da história define a história como um todo?

Penso que não. No caso de um casamento com duração média ou longa, muitas fases diferentes são vividas, algumas mudanças importantes fazem parte dessa história e as pessoas envolvidas nesse enlace também mudam.

Então, é importante corrigir a identificação do final com a história como um todo.

Assim, o final "Fulano(a) me deu um pé na bunda" (peço perdão pela frase chula, mas ela é recorrente em nossa cultura contemporânea e no meu consultório) é só o final. A história toda como foi? Por que durou tanto tempo?

Talvez o percurso e a qualidade da trajetória inteira tenham um teor diferente do capítulo final (ou não, talvez alguns casamentos sempre tenham sido ruins, mas é saudável saber identificar quando).

Chego então ao final da escrita deste livro refletindo sobre essa etapa, a da finalização, e sobre a própria palavra. O que é o fim? Quando terminamos algo? É de fato um encerramento?

No paralelo traçado acima com o final de um casamento, penso que poderíamos entender como uma transformação (que incorpora muito do experenciado), uma mudança transformadora, uma abertura para outro capítulo na vida da pessoa que passa por essa ruptura. Uma mudança, portanto, fruto de reflexão, des-envolvimento, crescimento, configurando uma nova etapa na vida, que pode vir a ser extremamente positiva e prazerosa.

Poderíamos então afirmar que um encerramento não precisa ser negativo e, mais, que o final absoluto não existe. O que existe é a transformação, a mudança (como procurei transmitir em "Tempos idos" lá no início).

No caso deste livro, espero realmente que não acabe aqui, que o final dessa leitura signifique para o prezado leitor tão-somente a motivação para continuar se aprofundando nesse complexo tema das transformações, do des-envolvimento e dos bons envolvimentos.

Quando você foi embora
Fez-se noite em meu viver...
[...]
Vou seguindo pela vida
Me esquecendo de você
Eu não quero mais a morte
Tenho muito que viver
Vou querer amar de novo
E se não der não vou sofrer
Já não sonho, hoje faço
Com meu braço o meu viver
[...]

Fernando Brant, Milton Nascimento, Travessia[9]

---

[9] BRANT, Fernando; NASCIMENTO, Milton. Travessia. In: *Travessia*: Codil/Ritmos, 1967. 1 LP. Faixa 1

Referências

BETHÂNIA, Maria. *Mel*: Polygram. 1979.

BUARQUE, Chico. *Meus caros amigos*: Phonogram/Philips, 1976. 1 LP.

JOBIM, Tom. *Wave*: A & M Records, 1967. 1 LP. Faixa 1.

LISPECTOR, Clarice. **Água Viva**. Rio de Janeiro: Rocco, 1973.

_____. *A descoberta do mundo*. Rio de Janeiro: Rocco, 2008.

MONTE, Marisa. *O que você quer saber de verdade*: EMI, 2011. 1 CD.

MPB 4. *O importante é que a nossa emoção sobreviva* n. 2.: EMI/Odeon. 1976.

NASCIMENTO, Milton. *Travessia*: Codil/Ritmos, 1967. 1 LP.

Sobre a Autora

Mara Regina Fernandes Caruso é psicóloga formada pela UNESP--Assis, com especialização em Psicoterapia de casal e família pela PUC-SP.

Sua principal atuação institucional foi no Hospital das Clínicas da Faculdade de Medicina da Universidade de São Paulo – HCFMUSP, onde trabalhou durante 20 anos, dos quais dedicou a maior parte ao Serviço de Psicologia do Instituto de Psiquiatria, do qual foi diretora por 8 anos.

Atua em consultório particular, atendendo pacientes em psicoterapia de casal e família há 20 anos e psicoterapia individual há mais de 30 anos.

1. Formação profissional:
    1.1 Graduação em Psicologia pela UNESP, campus Assis, São Paulo, em 1975.
    1.2 Especialização em Psicologia do desenvolvimento e Psicoprofilaxia pelo Instituto Sedes Sapientiae, em 1977.

1.3 Especialização em Psicoterapia de casal e família pela PUC--SP, em 1998

2. Atividades profissionais exercidas:
    2.1 Ambulatório de saúde mental da Secretaria de Saúde do Estado de São Paulo, de 1976 a 1977.
    2.2. Hospital Psiquiátrico do Juquery, da Secretaria de Saúde do Estado de São Paulo, em Franco da Rocha, em 1978.
    2.3. Hospital das Clínicas da Faculdade de Medicina da Universidade de São Paulo (HCFMUSP).
    Instituto de Psiquiatria do HCFMUSP, no Serviço de Psicologia de 1979 a 1997.
    Instituto do Coração do HCFMUSP no Programa de Prevenção de controle de estresse, em 1998.
    2.4. Consultório particular:
    Atendimento em psicoterapia individual desde 1979.
    Atendimento em psicoterapia de casal e família desde 1998.